혐오
미러링

혐오 미러링

여성주의 전략으로 가능한가?

김선희 지음

연암서가

지은이 김선희(phshkim@daum.net)

이화여자대학교 철학과에 재직(초빙교수)하고 있으며, 한국여성철학회 회장(역임), 철학상담 수련감독이다. 이화여자대학교를 졸업하고 서강대학교 대학원 철학과에서 박사학위를 취득했다. 주된 연구 분야는 심리철학, 과학기술철학, 여성철학, 철학상담이다. 자아, 자아정체성, 인격과 도덕적 주체, 젠더 정체성, 사이버자아, 포스트휴먼, 로봇의 인격과 윤리, 철학상담, 철학상담 방법론 등에 관하여 연구해 왔다. 그리고 '철학적 사고실험 모델'을 개발하여 철학상담을 실천하고 있다.

지은 책으로는 『자아와 행위』, 『사이버시대의 인격과 몸』, 『과학기술과 인간 정체성』, 『철학상담: 나의 가치를 찾아가는 대화』, 『철학상담 방법론: 철학적 사고실험과 자기치유』, 『사소하지 않은 생각』 등 다수의 저서가 있다.

혐오 미러링
ⓒ김선희, 2018

2018년 12월 25일 초판 1쇄 인쇄
2018년 12월 30일 초판 1쇄 발행

지은이 김선희
펴낸이 권오상
펴낸곳 연암서가

등록 2007년 10월 8일(제396-2007-00107호)
주소 경기도 고양시 일산서구 호수로 896, 402-1101
전화 031-907-3010
팩스 031-912-3012
이메일 yeonamseoga@naver.com
ISBN 979-11-6087-043-5 03330

값 13,000원

| 여는글 |

요즈음 워마드를 비롯한 페미니즘 물결이 한국 사회를 휩쓸고 있다. 여성들이 연대하여 성차별적 여성 혐오에 분노하며 목소리를 내고 있다. 더불어 여성들의 과격한 혐오 양상에 대한 비판과 비난도 거세지고 있다. 워마드의 혐오 발언에 대해 사회적 비판은 물론 심지어 페미니스트들 사이에서도 거리를 두는 경우가 생겨나고 있다.[1] 이런 사태를 두고 기사와 칼럼이 넘쳐나지만

---

1   일부 여성 단체는 워마드와 관계없다며 선을 긋기도 한다. 2018년 7월 11일에 한국여성단체연합은 〈워마드는 페미니스트가 아니다〉라는 성명을 발표했다. 또한 조한혜정은 "워마드를 '여성주의다, 아니다'로 구분하기보다 이례적 문화 현상으로 봐야 한다.… 일부 여성의 과격한 언행에 집중하기보다 이들이 왜 이렇게까지 하게 되었는지를 생각해야 한다."고 밝혔다. 여기서 조한혜정은 워마드가 페미니즘인지 여부에 대해서는 판단을 유보하고 있다. 주간동아 (2018. 7. 20), 〈워마드는 이례적인 문화 현상〉, 박세준 기자.

정확한 분석을 찾아보기 어려워 아쉬움이 많다. 나는 오늘날 한국 페미니즘 운동의 흐름 속에 나타나는 '워마드 현상'을 분석하고 이해하는 것이 필요하다는 동기에서 이 책을 저술하였다.

우리는 워마드의 혐오 전략이나 과격한 방법에는 모두 동의하지 않더라도, 여성들이 왜 분노하는지, 위협을 느끼거나 두려워하는지, 나아가 무엇을 말하려고 하는지, 그 목소리에 귀 기울여야 할 필요가 있다. 위계적 가부장제 젠더 체계에 의한 성차별과 여성 혐오가 만연한 한국 사회에서 여성들의 좌절과 분노가 무엇인지 먼저 이해해야 한다. 이를 이해하지 않고는 건강한 민주 공동체를 위한 미래의 전망이 어둡다고 보기 때문이다. 나는 가능하면 내가 경험한 것과 더불어, 우리 사회에서 살고 있는 여성들 개개인의 경험에서 우러난 생생한 목소리를 통해 이 현상을 분석하고 조명하고자 한다.

나는 워마드를 전적으로 옹호하진 않지만, 그렇다고 워마드를 일방적으로 비판하는 입장에도 동의하지 않는다. 또한 여성 혐오나 남성 혐오나 똑같이 나쁘다는 양비론을 주장하려는 것도 아니다. 만일 이런 입장을 견지한다면 이 책을 쓸 필요는 없었을 것이다. 많은 사람들이 최근의 페미니즘 현상과 관련하여 평가하고 진단과 처방을 제시하고 있으나, 대부분 현상의 일면만을 보거나 진정 중요한 맥락을 놓치고 있다는 생각이 들

곤 했다. 이는 여성 혐오의 정의로부터 시작하여 이것을 미러링하는 혐오 전략에 이르기까지, 혐오가 무엇이며 여성 혐오의 구조가 무엇인지, 워마드 현상의 핵심이 무엇인지 등에 관해 명쾌한 분석을 제시하지 못했다는 것에 기인한다.

　　이 책을 저술하면서 단순히 워마드를 비판하거나 지지하는 입장을 넘어서, 나는 가능한 그들이 삶에서 겪은 경험을 이야기하는 내러티브 안에서 그들의 생각과 행동 방식을 이해하는 것에 초점을 두었다. 비판은 그 다음에 할 일이다. 왜냐하면 워마드는 적어도 현상적으로 많은 사람에게 납득하기 어려운 낯선 행동 방식을 보인다는 점에서 '낯선 이'들이다. 사실 소수자는 언제나 상식과 표준에서 보면 생경하고 낯설다. 하지만 낯선자에 대해서는 우리가 너무 잘 아는 것처럼 생각해서도 안 되고 섣불리 판단해서도 안 되며 인내를 가지고 그들의 목소리를 듣고자 노력해야 한다. 왜냐하면 우리가 그들의 내러티브에 귀 기울이고 이해하려고 노력할 때에만 조금씩 공감할 수 있으며, 소수자에 대한 이해 없는 비판은 다시금 다수에 의해 폭력을 행사하는 것이 되고 말기 때문이다. 그런 점에서, 분명 우리 사회의 일원으로서 문제를 제기하며 행동하고 있는 워마드에 대해서도 그들의 내러티브에 귀 기울이고 그들이 왜 그렇게 행동하는지 이해하는 것이 선행되어야 한다.

내가 '워마드 현상'으로 명명될 만한 한국 페미니즘의 한 흐름을 분석하려는 이유는 다음 두 가지이다. 하나는 워마드 현상에는 기존의 페미니즘과 구별되는 고유한 특성들이 발견된다는 것이다. 이 특성을 분석하고 드러내는 것이 이 저서의 주요 목표 중 하나이다. 또 다른 이유는 페미니즘의 문제로 고민하며 살아가는 주변의 학생과 여성들을 만나면서 그들의 고민과 목소리를 접할 기회가 있었고 또한 나의 고민과도 겹치는 부분이 있었기 때문이다. 그들의 목소리를 제대로 이해하는 것이 필요하고, 여성 차별적 혐오가 만연한 사회에 대해 분노에 찬 여성들의 에너지를 부정적으로 소모하기보다 긍정적으로 발현될 수 있기를 기대하기 때문이다. 그럼으로써 우리 사회에서 남녀 성대결로 흐르는 이 논란의 방향을 바꿀 수 있기를 기대하며, 동시에 여성과 남성이 함께 살아 갈 평등하고 건강한 공동체를 형성하는 것이 '올드페미'라고 불리는 우리 세대의 과제라고 생각하기 때문이다. 나는 이 과제에 작은 기여나마 할 수 있기를 기대하며 이 글을 시작한다.

이 책을 쓰는 동안 워마드를 비롯한 페미니즘 문제에 관한 심층 설문과 인터뷰를 진행하였다.[2] 설문에 진지하게 응해 준 분들과 설문조사를 도와준 이화여대 대학원 석박사과정의 연구원들, 김은영, 이채연, 박연수, 이문경, 그리고 관련 자료를 정리해 준 학부생 채령에게 고마움을 전한다. 그리고 최근 몇 년 동안 철학 상담과 강의 시간에 자신의 삶 속에서 페미니즘 문제로 고민하며 함께 토론하고 대화했던 이화여대 학생들에게도 감사를 표한다.

2018년 10월

김선희

---

2 나는 '워마드 현상'에 대한 이해를 돕기 위해, 30여 명을 대상으로 관련 주제들에 대해 의견을 묻는 심층 설문을 진행하였다. 설문조사는 이 책의 초고를 완성한 후 마칠 수 있었다. 그리하여 설문 내용을 본문에서 직접 다루기보다 별도의 부록으로 첨부하였다. 부록을 통하여 무엇보다 워마드를 비롯한 한국의 페미니즘 현상에 대한 다양한 목소리를 가감 없이 직접 전달하고자 하였다.

차례

여는 글   5

| 1장 | 새로운 여성 세대의 출현   13

| 2장 | 혐오의 정의, 그리고 여성 혐오란 무엇인가?   27

| 3장 | 여성 혐오를 미러링하는 메갈리아-워마드의 등장 배경   41

| 4장 | 혐오 미러링의 방식과 그 효과   57

| 5장 | 혐오 미러링의 전략적 한계   77

| 6장 | 혐오 전략의 한계에 대한 워마드의 대응 방식:
놀이와 가벼움의 논리   97

| 7장 | 워마드의 변모와 다양한 스펙트럼   115

| 8장 | 해결 방향과 대책: 어디로 향할 것인가?   127

닫는 글   137
참고문헌   141

부록: 설문과 인터뷰 정리   145

| 1장 | 새로운
           여성 세대의
           출현

혐오는 요즘 한국 사회의 중심 키워드 중의 하나이다. 살기 힘들다는 소리가 넘쳐나는 동시에 특정 집단을 혐오하고 비난하는 목소리가 증폭되고 있다. 여성을 비롯한 소수자에 대해 혐오 발언이 확산되고 있다. 극소수만이 살아남는 경쟁 위주의 신자유주의 체제에서 사람들은 살기 힘들어진 원인을 정치 사회 경제 구조에서 찾기보다 소수자 우대로 인한 역차별에서 찾는 경향이 생겨났다. 이들은 '남성 역차별'을 주장하거나, 여성과 경쟁하기도 힘든 상황에서 여성들이 오히려 특권을 누리고 있으며 여성할당제 등 소수자 우대는 공정하지 못하다고 주장한다. 이런 경향은 사회 구조에 대해 분노하기보다는 소수자를 향한 비난과 혐오로 발산된다.

예로부터 혐오의 중심에는 여성 혐오가 있다. 근래에

SNS를 중심으로 확산되는 혐오 담론에는 여성을 대상으로 하는 온갖 혐오 표현들로 넘치고 있다. 이에 여성들은 여성 차별과 혐오 및 비하 등에 분노하며 온라인에서 남성 혐오로 맞받아치기 시작했다. 여성들도 자신들에게 가해지는 혐오를 되돌려주는 미러링으로 대응하기 시작했다. 한동안 온라인을 중심으로 일어나던 여성들의 목소리는 어느덧 오프라인 광장의 시위로 이어지고 있다. 불법 촬영 편파 수사에 분노하며, 혹은 이것을 계기로 회당 수만 명에 이르는 여성들만의 시위가 이어지는 유래 없는 현상이 일어나고 있다. 여성 차별적 혐오에 분노한 여성들은, 여성 사이트 '워마드'를 중심으로, 남성을 적으로 돌리고 남성 혐오에 가담하기 시작했다. 여학생들 가운데 결혼하지 않고 출산도 하지 않고 연애도 하지 않겠다고 선언하는 비혼주의자들이 증가하고 있다. 이런 현상은 최근 몇 년 사이에 하나의 거대한 물결로 자리잡아가고 있다. 이런 현상은 우연히 생겨나서 곧 사라지고 말 그런 것이 아니다. 그 형태는 다양하게 바뀌어 가겠지만 지속될 것으로 보인다.

전통적으로 혐오의 대상이었던 여성들이 역으로 남성을 대상으로 혐오(미러링)를 하고 있는 것을 어떻게 이해해야 하는가? 대체 그동안 무슨 일이 있었던 것일까? 왜 갑자기 여성들이 이런 '입에 담기 어려운' 욕설과 과격한 방식으로 혐오를 미러링하고, 종교, 정치, 사법 분야 등 성역 없이 분노를 표출하고 있는가? 그동안 여성들에게 암암리에 요구되어 온 삶의 방식을 탈피하고자 하는가? 사회가 규정해 온 여성성에 문제를 제기하면서 거기서 벗어나자는 '탈코르셋'[3]을 부르짖는가? 여성 차별을 없애라고 시위하며 수만 명의 여성들이 거리로 나오고 있는가? 이런 현상을 이해하기 위해서는 먼저 새로운 여성 세대의 출현과 그들의 사고와 삶의 방식을 이해하는 것이 필요하다.

그들의 사고방식을 이해하기 위해, 나는 이 책에서 새로운 여성 세대의 경험을 반영하는 생생한 목소리를 담고자 하였다. 그 방식은 특별한 형태의 심층 설문조사를 병행한 것이다. 단지 주제별로 찬반의 입장이나 어떤 관점을 취하는지 조사하기보다, 각자 그런 입장을 취하게 된 경험과 더불어 그렇게 생각하거나 행동하는 이유와 근거들을 함께 기술하는 심층 설문을 통하여, 그들의 사유와 행위 동기를 최대한 이해하고자 했다. 또한 개별적 주체로서 행동하는 여성들의 다양한 관점과 독자적인 생각들을 드러내면서도 그들 사이에서 공유하는 지점들을 기술하고자 하였다. 겉으로 드러난 행동과 현상 이면의 동기와

---

3 '탈코르셋'은 억압적인 여성성의 역할과 규정에서 벗어나자는 운동으로 여성의 자유와 해방을 상징하는 용어이다. 이 주제는 뒤에서 다시 다룰 것이다.

이유와 삶의 맥락을 짚어봄으로써, 비판 이전에 그들과 소통하고 이해할 기회를 제공하고자 하였다.[4]

20대를 전후로 한, 그리고 30대에 걸친 이 세대는 SNS를 자유자재로 활용하면서 다양한 커뮤니티를 운영하고 거기서 자신의 의사를 자유롭게 표현해 온 세대이다. 설문조사에서 나타나 있듯이 이들은 매우 주체적이다. 누가 지시하는 것을 일방적으로 수용하거나 따르기보다, 자기 삶을 주체적으로 살기 위해 고민하고 자신의 경험과 생각을 당당하고 조리 있게 표현하는 세대이다. 양육과 교육에서는 예전과 달리 비교적 남녀 차별 없이 길러진 세대이기도 하다. 학교에서도 여학생들은 주눅 들지 않고 당당하고 거침없이 자기표현을 할 줄 안다. 교육의 성과에서나 대학 진학률에서도 여학생은 남학생에 결코 뒤지지 않고 대등한 능력을 확인받은 세대이기도 하다. 이런 점에서 어느 정도 성평등이 이루어진 것처럼 보이기도 하며, 반페미니스트들은 이 자료를 활용하며 더 이상 여성 할당제 등의 여성 우대는 필요하지 않다고 주장하거나 페미니즘은 시대적 효력을 다했다고

---

4 부록에 첨부한 설문조사와 인터뷰 자료들은 본문의 주제와 긴밀한 연관을 갖는 동시에 이들의 목소리를 전달하는 역할을 충분히 해주고 있다.

평가하기도 한다.[5] 그럼에도 제도적으로나 인식적으로나 여성을 차별하고 비하하는 현실은 근본적으로 바뀌지 않았다. 사회의 여러 제도는 여성들의 변화된 의식을 따라가지 못하고 성평등을 비롯한 여성성에 대한 사고는 과거 가부장제 사고방식에 머물러 있는 것이 현실이다. 여성들은 사회에 만연한 여성 혐오를 경험하면서 이 사실을 자신의 문제로 깨닫기 시작했다.

특히 2015년 전후로 일어난 일련의 사건들을 계기로, 물론 인류 역사에서 여성 차별적 젠더 체계가 작동하지 않았던 적은 없었으나, 신세대 여성들은 사회 체계가 견고한 성차별적 위계질서에 의해 운행되고 있다는 사실을 자각하게 되었다. 여성들은 자신의 일상에서 차별과 혐오를 겪으면서, '일베'를 비롯한 남성 위주 사이트의 여성 혐오 담론, 성차별적 발언을 서슴지 않는 매체들, 강남역 살인 사건, 미투, 몰카 편파 수사 등에 드러난 차별적 여성 혐오 사회에 분노하고 행동으로 표현하기 시작했다.

---

5 이는 페미니즘의 입장을 반박하거나 페미니즘 무용론을 주장하는 포스트페미니즘의 한 입장이다. 포스트페미니즘에 대해서는 다음을 참고할 것. 정인경(2016), 「포스트페미니즘 시대 인터넷 여성 혐오」, 『페미니즘연구』 제16권, pp. 201~202. "포스트페미니즘은, 성평등이 제도화되었기 때문에 … 페미니즘의 역사적 시효 만료를 선언(한다)."

새로운 세대의 여성들은 네트워크에서 자신의 목소리를 내거나 직접 참여하여 의사를 결정하는 일에 익숙하다. 이들은 탈중심적인 인터넷 세대이듯, 행동도 탈중심적이고 민주적이며, 개인적이면서도 연대하기 위해 독특한 방식으로 뭉치는 법을 알고 있다. 생각을 공유하며 연대하지만 과거의 운동 방식과 달리 일방적으로 리더를 만들지 않으며 일방적으로 따르지도 않는다. 모든 사안에 대해 각자 자신의 의사를 동등하게 표현하고 그에 따라 행위하고자 한다. 대표적으로, 2016년 여름 이화여대의 시위 방식이 그 한 예이다.[6] 당시 이화여대 학생들은 주동자 없이 직접민주주의 형태인 만민공동회의 방식으로 시위를 운영했다. 이 시위 방식은 한국만이 아니라 국제적으로도 주목받았다. 일방적 리더 없는 탈중심적 연대, 마스크 쓰기, 포스트잇 시위, 운동권이나 외부 세력과 연대하지 않기, 사적인 친목 관계를 만들지 않기 등은 최근 혜화역과 광화문 광장에 모인 여성들의

---

6   2016년 7월 말~10월 말, 이화여대생들은 '미래라이프대학 반대'를 둘러싼 학내 문제와 더불어 정유라 부정 입학('학사 농단')에 대항하여 세 달 가량 본관을 점거하고 직접민주주의 형식의 만민공동회를 운영하며 시위를 벌였다. 나는 시위가 끝난 후 트라우마에 시달리는 학생들을 대상으로 8개월간 철학 상담을 진행하였다. 상담을 통해 개인적 고민만이 아니라 여성으로서 받는 차별과 여혐에 대한 고충을 들을 기회가 있었다.

연대 방식에도 영향을 주었다는 것을 알 수 있다.

확실히 이 시대 여성들은 일상의 정치를 구현하고 실천한다는 점에서도 새로운 세대이다. 그들은 개인적인 것이 정치적인 것이라는 점과 일상이 정치적이라는 것을 잘 알고 실천하는 세대이다. 그들은 페미니즘의 문제를 이론적으로 생각하는 것이 아니라, '나는 어떻게 일상에서 페미니스트로 살아갈 것인지'를 진지하게 고민한다.[7] 각자 그러한 고민의 해답을 찾으며 자신의 행위 방식을 결정하고자 하며, 중앙에서 통제하지 않는 탈중심적 리더십을 발휘한다. 네트워크에서 탈중심적으로, 리더를 선출하지 않으며, 개인적 친분이 없거나 서로의 안면을 모르면서도 모이고 헤치면서 연대하고 행동하는 것은 인터넷 문화를 통해 이런 방식의 연대를 실행할 능력을 체화한 세대이기에 가능한 일이다.

이들은 학문을 통해 이론으로 페미니즘을 배우고 여성 문제를 학문적으로 논하는 우리 세대를 '올드페미'라고 부른다. 이와 대조하여 그들은 '영페미'인 셈이다. 올드페미가 이론적–

---

7   수업 시간에 자유 토론 주제를 정할 때, 학생들은 이 주제를 선정하곤 한다. 이들은 페미니즘을 자신의 삶의 문제로 고민하는 주체적 삶의 방식을 견지하고 있다.

학문적이라면, SNS 세대의 영페미는 현실 정치적이고 살아있는 유기체로서 활동적이며 지속적으로 변화한다. 일상에서 벌어지는 여성 차별과 혐오를 바로 자신의 문제로 간주하여 저항하고 행동한다. 이들은 참고 인내하거나 웬만하면 '못 본 척' 넘어가는 예전 세대의 여성들과 다르다. 나는 '올드페미'라고 규정당하는 일순간의 당혹감에도 불구하고 영페미들의 당당하게 행동하고 실천하는 모습이 경이롭기 조차하다. 그들은 개인적으로 행동하면서도 SNS를 통해 연대하고 목적을 이루기 위해 오프라인에서도 함께 행동한다. 이러한 여성 연대는 한국 역사에서도 유래를 찾아보기 어렵다는 점에서 놀라운 현상이다.

여성들의 강력한 저항이나 혐오, 혹은 혐오 미러링을 포함한 과격한 행동은 갑작스러운 일처럼 보이지만, 사실은 최근 몇 년 사이에 곳곳에서 '감지되어 온 일'이었다. 되돌아보면, 근래 일어나는 상황의 조짐은 이전부터 조금씩 드러나고 있었다.

2010년대 초반 즈음에 수업시간에 페미니즘에 관해 언급할 때, 페미니스트가 되는 것에 주저하고 스스로 움츠러드는 학생들을 만난 적이 있다. 20여 년 전에도 우리 세대는 페미니즘이 적어도 이론적으로는 가치를 인정받았다는 것을 생각하면 의외의 반응이었다. 그들은 페미니즘을 주장하면 '꼴페미'로 낙인찍힌다는 말을 하며 페미니즘에 대해 얼마간 주눅이 들어 있었다.

자신은 페미니스트가 아니라는 것을 밝히는 것이 일상 어법이기도 했다(즉 "나는 페미니스트는 아니지만, ~~~"). 이들에게도 '꼴페미'라는 낙인으로 인해 페미니스트가 되는 것에 움츠러들었던 시간이 있었다는 것을 기억하는 것이 중요하다. 즉 페미니스트란 일상에서 공격받는 대상이었고 부정적인 명칭이었다. 페미니스트가 되려면 비난을 무릅써야 하거나, 페미니즘의 입장을 밝히는 것은 얼마간의 용기가 필요한 일이기도 했다.

2005년부터 2006년 즈음 이미 일간 베스트('일베')를 대표로 하는 남성 중심의 커뮤니티, 소위 '남초 카페'에서 여성 혐오 표현들이 확산되기 시작했다. 된장녀, 무개념녀, 김치녀 등으로 불리는 'ㅇㅇ녀'는 대표적인 여성 혐오 표현이었다. 한국 여성들은 김치녀/된장녀로 불리며 욕먹는 것이 일상적인 일이었다. '김치녀'의 대립적인 위치에는 개념 있는 여자(소위 '개념녀')가 자리 잡는다. 이에 대해 여성들이 보인 첫 반응은 혐오스러운 속물로 비난받는 김치녀가 되지 않기 위해서 자신을 검열하며 그런 여성과 거리를 두는 것이었다. 바로 김치녀-된장녀 같은 혐오적 여성이 되지 않기 위해 개념녀/개념 있는 여자가 되는 것이었다. 그러나 이것 역시 김치녀의 프레임에 갇힌 것이라는 점에서는, 남성이 덧씌운 여성 혐오의 동일한 논리를 따르는 것에 불과했다. 뒤에 메갈리아-워마드에 이르면 이런 각성이 일어나기 시작하고, 이후에 이들은 전혀 다른 전략을 사용한다.

이렇게 확산되어 가던 여성 혐오 현상에 대해 메르스 사태와 강남역 살인 사건을 계기로 여성들은 새로운 자각을 하기에 이른다. 남성들이 만드는 기존의 가부장제 프레임으로는 여성 혐오를 극복할 수 없을 뿐 아니라, 여혐으로 자신들의 생명이 위태로울 수도 있다는 것을 인지하게 된다. 특히 메르스 사태에서 드러난 여성에 대한 편견과 비하 등 여성 혐오에 반발한 여성들이 집결하여 '메갈리아'가 탄생되었다. 이들은 여혐에 대해 똑같은 방식으로 남혐으로 돌려주겠다는 저항 의식으로 대응했으며, 여기서 혐오에 대한 미러링이 시작되었다. 이들은 예전과 달리 더 이상 개념녀가 되려고 하지 않으며, 그런 방식으로는 아무것도 달라지지 않는다는 것을 깨닫게 되었다. 과격한 방식으로 혐오를 미러링함으로써 여성들의 고통과 분노의 목소리를 들리게 하는 것이 더 중요해진 것이다. 메갈리아에서 분리되어 나온 워마드는 생물학적 여성 외의 남성을 배격하는 급진적 방식을 채택했으며, 메갈리아의 미러링을 수용하여 더욱 과격한 방식으로 혐오 전략을 수행하기 시작했다.

이런 일련의 사건들을 통해 여성 차별적 혐오에 대한 자각이 생겨나면서, 여성들은 여성 혐오에 대응하는 방식에 대해 고민하기 시작했다. 나는 대학에서 철학 상담 과목을 개설하여 강의해 오면서 학생들과 상담하거나 그들과 대화를 나눌 기회를 가졌던 만큼 학생들의 고민과 목소리를 이전부터 들을 수 있었다. 당시에는 다 이해되지 못했던 점들도 요즘의 현상과 연관해 보면 퍼즐 조각들이 맞추어지듯이 설명이 완성되기도 하였다. "나는 어떻게 일상 속에서 페미니스트로 살아갈 수 있는가?"를 고민하는 새로운 세대이자 영페미들은 일상의 삶에서 성차별과 여혐과 대결하기 시작했다. 새로운 여성 세대에게 페미니즘은 일상의 실천인 동시에 바로 자신의 삶을 주체로서 사는 문제이기도 했다. 그렇기에 그들은 몰카 피해자에 머무르지 않고 남녀 차별적 편파 수사에 분노하며 법과 제도의 개선을 부르짖으며 연대하기 시작했다.

그런데 최근 벌어지는 현상들에 대한 설명이나 여성들의 저항에 대해 쏟아지는 기사나 방송들을 접하면서, 중요한 맥락을 놓치거나, 편견 때문에 실상을 이해하려고 하기보다 피상적으로 비난하는 수준에 머무르는 것을 관찰할 수 있었다. 혹자는 워마드의 '혐오스러운 발언과 행동'이 페미니즘을 후퇴시키고 그로 인해 '이제 페미니즘은 끝났다'라고 평가하거나 예견하기도 한다.

하지만 워마드는 단지 혐오를 양산하는 괴물이 아니라

주체적인 삶을 살고자 하는 한 개인으로서 자신의 삶에 대해 고민하는 현실에서 우리가 만날 수 있는 학생이거나 일반 여성일 수도 친구와 가족일 수도 있다. 그들은 우리 사회에서 차별과 혐오에 저항하는 동시에 그에 대해 숙고하는 개인들이다. 나는 상담실에서, 강의실에서 여성 차별적 혐오에 대해 상처 입고 진지하게 고충을 털어 놓은 학생들의 모습에서, 때로는 워마드 사용자들의 고민이 중첩되는 것을 느낀다. 토론시간에 일부 학생들은 여성 혐오에 대해 어쩔 수 없이 혐오로 맞서는 것을 정당화하기도 한다. 일부는 그것에 반대하지만, 여성 혐오가 극심한 상황에서 그들을 비난할 순 없다는 심정을 밝히기도 한다. 또한 그들을 이해하면서도, 혐오 전략의 한계를 이야기한다. 중요한 것은 그들은 지금도, 입장들의 차이에도 불구하고, 자신들의 삶 안에서 진지하게 고민하고 토론하고 있다는 것이다.

이상이 내가 경험한 새로운 세대 여성들의 모습이자 행동 방식의 일면이다. 이것을 이해해야, 최근의 여성들의 행동을 비롯하여 영페미니스트들의 사고와 행동 방식을 이해할 수 있을 것이다. 편협하고 일방적인 악플러들이나 일부 학자들은 워마드의 과격한 특정 행위를 거론하며 페미니즘 전체를 정신병자 취급 하지만, 그들을 생각 없이 미쳐 날뛰는 페미들로 규정해선 안 된다. 그들을 비난하기 이전에, 차별과 여혐에 대한 여성들의 분노가 어떤 것인지, 왜 그들은 그토록 분노하는지를 먼저 이해하는 것이 중요하다. 이런 이해가 남녀 대결의 현상과 여성들의 사회적 저항과[8] 정치적 시위에 대한 대책과 문제 해결의 실마리를 찾기 위한 선결 조건이다.

이상이 내가 이 책을 저술하고자 하는 이유이자 배경이다. 나는 이 책에서 메갈리아로부터 이어지는 워마드의 혐오 미러링을 중심으로 혐오 전략의 역할과 문제를 검토하겠지만, 이보다 넓은 맥락에서 최근에 부각되는 한국 페미니즘의 흐름과 연관 지어 조명할 것이다.

---

8 비혼, 비출산, 비연애 등은 여성 차별-여성 혐오 사회에 대한 여성들의 저항의 한 방식이라고 이해된다.

2장

혐오의 정의,
그리고
여성 혐오란
무엇인가?

혐오의 두 가지 의미

혐오란 일반적으로 '싫어하고 증오하는 감정', 혹은 '싫어하고 미워하여 회피하려는 정서적 태도'를 의미한다. 그리하여 '무엇을 혐오한다'는 것은 '무엇을 싫어하거나 증오하여 회피하려는 것'으로 기술할 수 있다. 그런데 '여성 혐오'를 단지 여성을 싫어하거나 증오하는 감정이나 정서적 태도로 정의할 수 있을까? 혐오의 개념을 단순히 이런 의미로 사용하지만, '여성 혐오'의 정의에 이르면, 그 의미는 이중적이고 복합적이다. 여성 혐오란 단지 여성을 싫어하고 증오하는 감정에 한정되지 않는다. 여성 혐오는 단순히 좋아하거나 싫어하는 기호나 취미의 태도에 그치는 것이 아니라, 여성 차별적인 함의를 갖는다. 여성 혐오와 관련하여 혐오의 개념은 다음의 두 가지 다른 의미로 사용된다.

첫째는 기호적, 취향적 의미의 여성 혐오다. 좋아하거나 싫어하는 감정은 기호와 취향의 문제이며, 여성을 혐오하는 것도 단지 기호의 문제로 간주한다. 이런 의미의 혐오는 커피를 좋아하거나 탄산수를 싫어하듯이, 파란색을 좋아하고 노란색을 싫어하듯이, 여성이나 남성을 좋아하거나 싫어하는 것은 개인적 기호에 불과하다. 이때 여성 혐오는 여성을 싫어하고 회피하려는 주관적 감정이나 정서의 태도일 뿐이다. 이러한 경우에 여성 혐오는 주관적 태도와 표현의 자유에 해당할 뿐 도덕적으로나 법적으로 비난이나 책임의 문제가 발생하지 않는다.

둘째는 차별적 여성 혐오이며, '여성 혐오'로 번역하는 미소지니(misogyny)라는 의미가 함축되어 있다.[9] 이 용어에는 여성 차별을 정당화하는 사회적 정치적 의미가 담겨 있으며, 이 책에서 다루고자 하는 여성 혐오 개념은 바로 둘째 의미의 여성 차별적 혐오이다. 앞으로 살펴보겠지만, 이 개념은 가부장제 사회의

---

9 misogyny는 둘째 의미의 여성 혐오에 해당한다. 혹자는 misogyny를 여성 혐오로 번역하는 것에 대해 오역이라고 주장하기도 하지만, 여성 혐오라는 말에 두 가지 의미가 혼용되어 사용되고 있는 현실을 반영한다면, 오역으로 간주하기보다 여성 혐오의 두 가지 의미를 구분하여 사용하는 것이 적합하다고 본다.

젠더 개념과 문화가치라는 거대한 체계의 지배와 영향을 전제하고 있다. 여기서 혐오의 두 가지 의미를 명확하게 구분하는 것이 여성 혐오와 관련된 현상이나 여성들의 저항의식을 올바로 이해하는 데 필수적이다. 이 구분을 간과하거나 혼동할 때, 오해를 불러일으키거나 불필요한 논란에 휩싸일 수 있기 때문이다.

　　여성 혐오의 주제를 논함에 있어서, 내가 다루려는 것은 생물학적, 진화론적 개념이 아니며 미학적(혹은 취미와 기호의) 혐오 개념도 아니라는 것을 분명히 밝힌다. 필자가 논하려는 혐오, 특히 여성 혐오는 여성 차별과 관련된 정치적 개념이다. 여기서 나는 생물학적, 진화론적, 미학적 혐오 개념이 아니라, 차별의 문제를 내포한 정치적 개념에 초점을 맞추어 논의할 것이다.

　　감정이 생겨나는 기원이나 유래를 진화론적으로 설명하려는 시도들이 있다.[10] 그에 따르면 혐오의 감정도 인류가 진화하면서 생존을 위해서 갖게 된 감정이다. 진화론적으로, 혐오는 생존에 도움이 되는, 신체적으로나 사회적으로 병이나 위해를 일으키는 대상을 멀리하거나 피하려는 감정으로 간주한다. 이런 입장은 특정 집단에 대한 혐오가 정치적 차별을 초래하거나

10　Dylan Evans(2001), *Emotion*, Oxford University Press. 에반스는 이 책의 제2장에서 감정이 진화의 과정에서 생존에 필수적이라는 생각을 논의하고 있다.

정당화하는 것을 우연적인 현상으로 본다. 그러나 진화론적 설명 방식은, 인류의 역사에서 볼 때, 혐오가 생존에 필요한 수준을 넘어서 특정 집단의 이익을 위해 다른 집단을 배제하거나 억압하는 수단으로 사용되었다는 것과, 나아가 혐오가 근본적으로 특정 집단의 배제와 차별에 토대를 두고 있다는 것을 간과한다. 더욱이 진화론적 관점은 혐오의 광범위한 대상이 여성에 해당된다는 것을 제대로 설명하지 못한다.

가부장제 젠더 체계의 여성 혐오 구조

그러면 여성 혐오의 정치적 의미를 파악하기 위해, 가부장제 젠더 체계 안에서 어떻게 여성 혐오가 형성되고 공고해졌는지 살펴보자. 전통적으로 주어진 여성의 개념은 가부장제가 규정한 타자로서의 여성 개념이라는 것은 잘 알려져 있다. 그것은 남성의 속성을 결핍한 존재이며 남성의 속성과 대립하는 속성을 지닌 자, 즉 남성에 대한 타자로서의 제2의 성인 것이다.[11] 그것은

---

11 시몬 드 보부아르, 『제2의 성』, 이희영 옮김, 동서문화사. 여성은 어떤 질적인 결함 때문에 여성으로 여겨진다. 즉 여자는 '불완전한 남자/인간'이며 자율적인 존재로 간주되지 않는다. p. 14.

여성이 스스로 귀속시킨 속성이 아니라 가부장제 체계가 부과한 남성과 대조되는 속성으로서 전형적인 여성 이미지를 구성한다. 예컨대, 남성은 이성적, 정신적, 능동적, 적극적, 공적, 사회적, 독립적, 초월적이고 주체이다. 바로 이 속성들이 전형적인 남성성을 구성한다. 반면에 여자는 감성적, 육체적, 수동적, 소극적, 사적, 가정적, 의존적, 세속적이고, 주체가 아닌 대상이다. 이러한 속성들은 여성성의 전형을 구성한다. 실제로 현실의 여성들이 어떤 존재이건 여성에게는 모두 이러한 속성이 부과되었고, 여성은 그런 속성을 지녔다기보다는 따라야 했다는 점에서 그것은 요구된 것인 동시에 규범적인 것이었다. 가부장제 사고에 따르면 남성성으로 규정되는 것은 사실상 이상적인 인간상이기에 남성은 그자체로 당연히 정상 인간이지만, 그러한 남성성/인간성을 결핍한 여성은 인간이 되기에 모자란 존재이다. 다시 말해서 남성은 여성에 비해 우월한 성이고 이상적 인간인 반면에, 여성은 열등한 성이고 인간으로서 자족할 능력이 없는 부족한 존재가 된다.[12]

---

12 여성의 전형적 속성들을 다 모아 한 개체를 구성해 보라. 그것은 비이성적, 감성적이고, 육체적이며 사적 공간에 거주할 뿐 공적 주체가 되지 못하고, 수동적이고 타인에게 의존적이다. 그자체로 한 인간이 되기에는 부족한 존재가 아닌가!

이러한 여성성, 혹은 젠더 정체성은[13] 출산이라는 여성의 생물학적 조건과 결부되어 여성을 출산과 양육이라는 가정사에 묶어둠으로써 여성의 역할과 정체성을 사적 영역에 한정시키는 가부장제의 성역할 분업을 정당화시켰다. 그리고 자식을 잘 기르는 어머니와 남편을 잘 내조하는 어진 아내, 곧 현모양처가 되는 것이 여성의 최고의 미덕이라고 가르쳐 왔다. 여성은 공적인 영역에서 제외되었으며 정치적 행동을 할 능력은 애초에 인정받지 못했다. 결과적으로 여성은 가부장제의 규범과 정의에 따라 항상 경제적 약자이고 하는 일 없이 집에서 노는 여자가 될 수밖에 없었다. 한 세기 전만 하더라도 여성은 공적으로 자신의 권리를 주장할 수도 한 인간으로서 삶의 목표를 추구하거나 자신을 실현할 꿈을 꾸는 것도 있을 수 없는 일이었다. 그것이 여성이라면 '자연스럽게' 따라야 할, 자연의 법도(자연성)를 가장한 가부장제 규칙이며 규율이었다.

타자이자 열등한 성으로서 여성(정체성)의 개념은 여기에 그치지 않고 위계적 가부장제의 이분법적 가치 체계와 연계되

---

13 사회학자들과 여성학자들은 생물학적 성과 구분하여 사회적 성을 '젠더'로 표현하여 왔다. 가부장제 사회는 위계적인 이분법적 젠더 체계를 토대로 여성을 열등한 존재로 남성을 우월한 존재로 규정한다.

어 왔다. 즉 남성은 이성과 신적인 정신, 초월을 상징하며 자아이자 주체이고 문명을 상징한다. 반면에 여성은 감성과 동물적 육체성을 상징하며 타자이자 대상이고 자연과 땅을 상징한다. 여기서 남성을 상징하는 것들은 가치 체계의 상위 질서에 속하며, 남성의 타자로서 여성의 상징은 이분법적 가치 체계의 하위 질서에 속하는 것으로 간주되었다. 동시에 여성은 단지 여성이라는 이유로 그러한 가치 질서를 따를 것을 요구받았다. 열등하고 하위 가치로 평가받으면서도 그것을 극복하기보다는 그것에 잘 동화되는 여성이 덕 있는 여성이며, 적어도 문제가 없는 여성이다. 남성의 정체성으로 규정된 것을 넘보거나 상위 질서로 진입하려는 여성은, 예컨대 독립적인 주체로서 자신의 욕구에 충실하거나 가정의 울타리를 벗어나 자아실현을 꿈꾸는 여성은, 즉 워마드의 용어로 표현하면 '탈코르셋'을 감행하는 여성은 가부장제가 용인할 수 없는 위험한 존재로 낙인찍히게 된다.

성별과 관련된 이분법적 젠더 체계는 가정의 안과 밖에 대한 성 분업만이 아니라 사회의 직업 전선에서도 성 분업을 조장해 왔으며, 남녀 직업의 경계가 개방된 오늘날에도 여성이 접근할 수 없는 영역은 여전히 존재한다.[14] 또한 가부장제는 위계적 가치 체계를 상정한 후 여성의 범주적 속성들을 상위 질서의 남성성과 대립하는 타자의 속성으로 규정함으로써 가부장제 이원적 가치 체계의 하위 질서에 위치시킨다. 이와 같이 가부장제가 규정하는 여성 범주는 위계적이고 이분법적인 가치 질서에 토대를 둔 예속적인 범주가 된다. 그 결과 가부장제 사회에서 정의내린 여성 범주는 여성을 가치 절하하고 성 분업을 통한 여성의 예속을 정당화시킨다.[15]

이와 관련하여 도나 해러웨이는 전통적으로 여성과 남성의 위계와 연관지어 온 이원적 사고체계를 다음과 같이 제시한다.

특정한 이원론들이 서양 전통 속에서 지속되어 왔다. 그것들은

---

14 예컨대 이성과 신적인 정신이 남성을 상징하고 그와 대립하여 감성과 동물적 육체가 여성을 상징한다면, 여성이 어떻게 신성하고 정신적인 영역에 종사할 수 있겠는가? 바로 성직자는 신적인 정신 영역을 상징하는 역할을 맡고 있기에 대다수 종교에서 이 영역은 여성에게 개방될 수 없는 성역으로 남아있다. 그러한 사고의 이면에는 가부장제가 규정하는 여성 범주와 가치 체계가 배경으로 작용한다. 즉 비이성적이고 감성적이며 동물적-육체적인 것으로 규정되는 여성이 어떻게 신적인 업무를 수행하는 성직자가 될 수 있겠는가?

15 김선희(2012a), 『과학기술과 인간정체성』, 아카넷, 제4장 젠더 정체성 참고. 여기서, 필자는 과학 기술이 지향하는 기술 전체주의의 (여성성과 결부된 동물적 육체성을 탈피하려는) 인간성 혐오가 가부장제 여성 혐오와 동전의 양면이라는 것을 논의한 바 있다; 김선희(2015b), 「기술시대에 여성성의 긍정과 공감의 인문학」, 2015년 한국여성철학회 춘계학술대회, 기조발표문 참고.

모두 여성, 유색 인종, 자연, 노동자, 동물 등 타자로 구성된 모든 것들을 지배하는 관습의 논리가 되어 왔으며, 이 타자들은 주체를 반영하는 임무를 띠고 있다. … 이런 골치 아픈 이원론들 중 주요한 것은 자아/타자, 정신/몸, 문화/자연, 남성/여성, 문명화된 것/원시적인 것, 실재/외양, 전체/부분, 행위자/자원, 제조자/제조물, 능동적인 것/수동적인 것, 옳은 것/그른 것, 진리/환상, 총체적인 것/부분적인 것, 신/인간 등이다.[16]

이러한 이분법의 성격은 생소한 것이 아니다. 해러웨이가 말하는 '특정한 이원론'은 서양담론을 지배해 온 유기적으로 위계적인 질서를 가진 이원론이며 동시에 여성을 지배하고 예속해 온 남성중심의 가부장제 사고와 가치 체계를 의미한다.[17] 앞에서 보았듯이, 각종 이분법에서 자아, 정신, 문화, 문명화된, 실재, 전체, 행위자, 능동성, 옳은, 진리, 신성, 등은 남성을 상징하는 상위가치 체계이고, 그와 대조되는 타자, 몸, 자연, 원시적인, 외양, 부분, 자원, 수동성, 그른, 환상, 부분, 그리고 신성과 대비

---

16 도나 해러웨이, 『유인원, 사이보그, 그리고 여자』, 제8장 사이보그 선언문, pp. 317~318. .

17 앞 글, p. 292 참고.

되는 인간성 등은 여성을 상징하거나 여성과 연루된 하위가치 체계이다. 여기서 여성으로 연상되는 범주들은 남성으로 연상되는 범주들과 가치적으로 대조되는데, 여성은 남성적 가치를 결핍하며 그리하여 불완전하고 폄하된 존재로 평가된다. 이렇게 가부장제 가치 체계에서 여성은 남성의 타자로서 결핍된 존재이고 부정적 가치를 지닌 예속적 존재가 된다. 결국 여성은 종속된 존재일 뿐 주체가 아니다. 그리고 이러한 위계적 가치 체계는 실제로 여성이 출산과 육아 양육을 비롯한 가족을 돌보는 일, 가정의 울타리 안에서 사적인 영역에 종사하는 등 성역할 분담과 가부장제 체계에서 남성 의존적이고 예속적인 삶을 사는 것을 정당화하는 근거가 되어 왔다.[18]

---

18 헤러웨이의 "사이보그 선언"에 주목하는 이유는 사이보그가 위계적인 가부장제 젠더 체계를 전복하는 개념이기 때문이다. 즉 여성이 자신을 인간과 기계의 결합체인 사이보그라고 선언할 때, 사이보그는 인간, 자연, 동물, 기계의 경계를 넘어서고 있기 때문에 여성의 범주 또한 서양 전통을 지배해 온 각종 이분법의 범주로부터 벗어나게 된다. Susan Hawthorne(1999), eds. *CyberFeminism*, Spinifex Press. p. 215. 또한 사이보그 정체성이 이분법적 가치 질서의 경계들을 해체하는 동시에 재구성하는 것이라면 사이보그로 선언된 여성의 범주 역시 그러한 이원적 위계질서를 벗어나 새로운 방식으로 재구성할 수 있다. 김선희(2012a), 제4장 참고.

여성 혐오에 대한 이해와 함축

이상의 위계적인 가부장제 이분법의 젠더 체계 아래서, 여성에게 귀속되는 모든 역할과 여성성의 요구와 그에 따르는 규범적 평가는 그 자체로 여성 차별적이고 여성 혐오적이라는 것을 알 수 있다. 차별적 여성 혐오는 구조적으로 이러한 젠더 체계와 연루되어 있다. 여성은 더 이상 남성과 동등한 성이 아니다. 여성은 주체가 되지 못하며, 주체의 대상으로 존재할 뿐이다. 즉 여성은 남성 주체를 위한 타자이고 대상인 것이다. 이것이 바로 위계적인 가부장제 이분법적 젠더 체계의 특성이다. 이러한 젠더 체계 하에서 여성성은 가치 비하적이고 폄하적인 열등한 속성으로서, 여성에게 그 역할을 요구하거나 정당화하는 것은 바로 차별적인 여성 혐오를 함축한다.

이제 여성 혐오에 관한 다음의 유사한 정의들이 어떻게 생겨나는지 체계적으로 이해할 수 있다. '여성 혐오(misogyny)란 여성을 남성과 동등한 주체로 간주하지 않고 여성을 열등한 존재로 타자화하거나 대상화하는 모든 것'을 말한다. 즉 여성 혐오의 '혐오'는 단순히 주관적 취향이나 기호의 문제가 아닌, 사회와 문화에 걸친 정치적 관점의 위계적 젠더 체계 아래서 광범위하게 이루어지는 차별적 혐오를 나타낸다. 이는 구체적으로 사회 제도적 성차별, 여성에 대한 경시와 가치 비하, 여성을 상대로 한 폭력, 여성의 성적 대상화 등을 모두 포함한다.

'남성 중심의 가부장제 젠더 체계는 남성과 여성 사이에 위계적 가치 체계를 만들고 위계적 이분법의 가치 질서를 유지하기 위해 남성 젠더는 정상적 인간의 지위를 갖는 것으로 간주하는 반면, 여성 젠더는 인간성을 결핍하거나 인간에 미달하는 열등한 존재로 규정한다. 이러한 가부장제 위계질서를 유지하기 위해 젠더 체계는 여성에 대한 차별적 혐오를 이용한다. 여성 혐오를 통해 사회는 여성을 남성보다 열등한 성으로 인식한다. 그리고 이렇게 인식된 열등성을 근거로 다시 여성 차별을 정당화한다. 이것이 여성 차별적 혐오의 구조이다.'[19]

이런 분석에 따르면 가정적, 사회적으로 성역할 분담을 당연시 하는 것은 물론 가부장제가 여성에게 요구해 온 행실과 '여성적' 가치를 요구하는 것은 그자체로 성차별적 여성 혐오이다. 바로 앞서 논의한 둘째 의미의 여성 혐오에 해당한다.[20] 그리

---

19 〈위키백과〉에 의하면, 여성 혐오란 여성에 대한 혐오나 멸시, 또는 반여성적인 편견을 뜻한다. 이는 성차별, 여성에 대한 부정과 비하, 여성에 대한 폭력, 남성우월주의 사상, 여성의 성적 대상화를 포함한 여러 가지 방식으로 나타난다; 정인경(2016), "여성을 인간성에 미달하는 열등한 존재로 비하하고 멸시하는 (것이) 여성 혐오", p. 186.

하여 김치녀만이 아니라 개념녀가 되라는 것이나 개념녀가 되려는 것도, 악녀와 창녀만이 아니라 현모양처와 성녀가 되기를 요구하는 것도, 혹은 그렇게 되려고 하는 것도 위계적이고 여성 비하적인 젠더 체계를 옹호하고 공고히 하는 것으로 여성 혐오적이다. 이제 여성 혐오가 무엇을 의미하는지 분명해진다. "나는 여성을 좋아하므로, 혹은 여성을 싫어하지 않으므로, 여성 혐오자가 아니다."라고 말하거나, "나는 여성을 혐오하지 않는다, 다만 '여성스러운' 여자를 좋아한다."고 주장하는 많은 경우들이 이러한 젠더 체계의 구조에서 바라보면 실제로 여성 비하적이고 차별적인 언행과 제도에 근거하는 여성 혐오라는 것이 드러난다. 그리고 여성 혐오에 맞선 여성들의 저항은, 여성을 좋아하느냐 싫어하느냐의 문제와 아무 상관이 없으며, 여성을 남성과 동등한 삶의 주체로 간주하지 않는 여성 차별적 가부장제 사회 구조에 대한 저항이라는 것을 알 수 있다. 핵심은 여성 차별과 여성 혐오를 조장하는 위계적인 젠더 체계와 그것에 뿌리내린 차별적 사회 제도에 대한 저항이라는 것이다.

---

20 이상의 여성 혐오 정의들은 첫째 의미의 취향적 혐오를 의미하는 것이 아니라, 둘째 의미의 여성 차별을 함축하는 여성 혐오를 뜻한다는 것을 알 수 있다.

3장

여성 혐오를
미러링하는
메갈리아-워마드의
등장 배경

차별적 의미의 혐오의 개념을 토대로 여성 혐오를 정의해 보면, 왜 여성들이 일련의 사건을 두고 '여혐/여성 혐오'라고 하는지 이해할 수 있다. 이들은 위계적 가부장제 젠더 체계에 토대를 둔 성차별적 혐오를 문제시 하고 있다. 동시에 많은 남성들이 '그것이 왜 여혐이냐'고 반박하는지도 알 수 있다. 젠더 체계의 여성 차별적 구조를 의식하지 못하는 남성들은 일련의 사건들을 여성 혐오라고 주장하는 여성들의 목소리를 이해하기 어렵다. 그들은 단순히 취향적 의미의 혐오가 아니라 차별적 의미의 여성 혐오에 대해 지각하지 못하기 때문이다.

가부장제 위계적 젠더 체계에 의하면, 여성은 단지 여성이라는 것만으로 한 순간에 혐오의 대상으로 전락할 위험을 안고 산다. 법과 제도만이 아니라 가부장제 사회 문화 전반을 지배하는 위계적 이분법적 가치 질서가 만연한 만큼 차별적 여성 혐오도 광범위하게 확산되어 있다. 사실상 인류의 역사에서 시대와 장소를 불문하고 이런 의미의 성차별이 존재한 것도 같은 맥락으로 이해할 수 있다. 인류의 역사가 가부장 제도의 역사인 만큼 여성을 열등한 성으로 규정하는 젠더 체계에서 여성 차별적 혐오는 사회 문화적으로 어디에서나 존재하기에 사람들은 특별히 차별이라고 느끼지 못했다. 마치 여성 혐오는 공기와 같이 존재하였고 그런 만큼 '자연스럽게' 생각되기도 했다.

한국 사회도 예외가 아니다. 이렇게 여성 차별과 혐오가 '자연스러운' 사회에서, 여성 혐오의 문제를 유래 없는 사회적 이슈로 부각시킨 '메갈리아-워마드'는 어떻게 등장했는가? 무슨 일이 있었던 것인가? 여성 혐오, 혹은 여혐의 문제가 사회문제로 대두된 데는 몇 가지 중요한 사건과 계기들이 있었다. 여혐 문제를 이해하려면 그러한 사건들을 올바로 이해해야 하고, 그런 사건을 경험한 여성들이 자신의 경험을 어떻게 바라보고 있는지도 이해할 필요가 있다.

혐오 미러링을 시도하고 주도했던 대표적인 사이트는 '메갈리아'이며 그로부터 분리되어 나온 워마드에 이르러 혐오 전략은 정점에 이른다.[21] 워마드는 메갈리아 회원이 대거 이동하여 구축된 것이며 메갈리아의 미러링 용어와 전략을 이어

받아 사용한다는 점에서 혐오 미러링은 메갈리아와 워마드를 잇는 전략으로 볼 수 있다. 먼저 이들 사이트의 등장 배경을 살펴보자.

2005년부터 2006년경 한국 사회에서는 여성을 속물적 존재로 비하하는 '된장녀'를 비롯하여 '○○녀'라는 용어가 유행하기 시작했다. 일베(일간 베스트)를 비롯한 남성 중심 커뮤니티(소위 '남초 카페')에서는 '된장녀', '김치녀' 등의 표현을 사용하며 여성 혐오를 일삼고 있었다. 여성 커뮤니티에서는 간헐적으로 이에 대한 문제 제기가 있었으나, 많은 여성들은 '김치녀'라고 규정되는 여성과 자신을 분리시켜 생각하거나 김치녀라는 비난을 받지 않기 위해 애쓰며 자기 검열을 하고 있었다. 초기에는 여성인 한 누구도 김치녀가 되는 것은(즉 여성 혐오는) 피할 수 없는 구조적 문제라는 것을 자각하지 못했다.

또한 2010년대 중반 이전만 해도 여성들은(수업 중에 만난 대학생을 포함하여) '페미니스트'라는 입장 표명을 꺼리거나 자제하고 있었다. 페미니스트는 '꼴페미'로 혐오와 비난의 대상이었

---

21 미러링은 메갈리아에서 시작되었으나, 거기서 갈라져 나온 워마드에 이르러 여성 혐오에 대한 미러링이 보다 급진적이고 과격해지면서 페미니즘에 대한 사회적 쟁점으로 떠올랐다.

다. 여성들은 '꼴페미'로 낙인찍힐까 주눅이 들거나 '김치녀'가 되지 않기 위한 방어에 전전긍긍하며 개념 있는 여자('개념녀')가 되는 것을 지향하기도 했다. 당시 여성들은 가부장제 젠더 프레임 안에서 자기 검열을 하며 소극적으로 방어하였다. 여성 혐오와 차별에 대해 비판하고 맞서거나 분노하기보다는 가부장제 사회의 성차별적인 구조적 문제를 개인적 차원에서 순응하며 여성 혐오에 대응하던 기간이 한동안 계속되었다. 2010년대 중반 이후 여성 혐오가 만연해지고 한국 여성주의 흐름에서 중대한 계기가 된 몇 가지 사건을 경험하면서 여성들은 차별적인 여성 혐오에 분노를 느끼며 자신의 문제로 자각하기 시작했다.

2015년을 기점으로 최근 몇 년은 한국 사회에서 여성 혐오와 관련된 획기적인 사건들이 이어졌던 시기이다. 2015년부터 2016년에 사이에 여성 운동의 기폭제가 되는 일련의 사건이 발생하였으며, 바로 이 기간에 혐오 미러링을 대표하는 메갈리아와 워마드가 탄생하였다.

특히 2015년은 온라인상에서 다수의 남성 네티즌들이 저열한 여성 혐오 표현을 사용하며 여성을 비하 멸시하고 있었고, 웹사이트, 칼럼, 미디어 등을 가리지 않고 여성 혐오 발언이 확산되던 해였다. 팝 칼럼니스트 김태훈은 고교생 김모 군이 '페미니스트'가 싫다며 이슬람 무장단체인 IS에 가담한 것을 언급하며, "IS보다 무뇌아적 페미니즘이 더 위험해요."라는 등 여성 혐오 발언으로 가득한 칼럼을 썼다. 이에 여성들은 분노로 대응하였으며, '꼴페미'의 낙인에 대한 두려움으로 주눅 들었던 여성들이 대대적으로 페미니스트 선언을 시작하였다. 이때 SNS에 해시태그를 달고 페미니스트 고백과 선언이 이어졌으며, '#나는_페미니스트입니다'라는 해시태그 운동으로 확산되었다.[22] 페미니스트라는 입장을 드러내기를 꺼리던 여성들이 더 이상 참지 않겠다고 고백의 형태를 띠며, 때로는 분노의 목소리를 내며 당당히 '페미니스트 선언'을 이어나갔다.[23]

또 하나의 사건은 메르스(중동호흡기증후군) 사태를 계기로 생겨난 여성 혐오 반응에 대해 '메르스 갤러리'에서 여성들이 집결하여 저항한 사건이다. 메르스는 전염성이 강항 급성 호

---

22 해시태그 운동이란 SNS 상에서 강조하고 싶은 단어나 문장 앞에 해시태그(#)를 달고 특정 사건을 공론화하는 것으로, 여성들이 특정 주제에 관심과 지지를 드러내며 이슈화하거나 온라인에서 형성된 생각들이 오프라인 행동으로 이어지는 여성 연대의 동력이 된다는 점에 여성주의 운동의 새로운 방식으로 떠올랐다. 대표적으로, #나는_페미니스트입니다(2015. 2), #살아남았다(*강남역살해사건, 2016, 5), #내가_메갈이다(2016. 7), #나는_가임_여성이다(*대한민국출산지도, 2016. 12), #Metoo(2018. 1), #혜화시위(2018. 6) … #우리는_서로의_용기가_될거야 … 등이 있다.

23 한겨레21(2015. 3. 18), 〈출발의 선언#나는페미니스트입니다〉, 박수진 기자.

흡기 질환인데, 2015년 5월 20일 바레인에서 입국한 68세 남성이 첫 확진자로 확인된 이후 186명의 감염자가 발생하였다. 또한 국내에서 메르스가 퍼지고 있을 때 '홍콩에서 메르스 감염이 의심되는 여성 두 명이 격리를 거부했다'는 보도가 나왔다. 그러자 남성들은 '김치녀 때문에 한국에 메르스가 퍼진다'며 한국 여성들을 비난하고 공격하였다. 그러나 이 보도가 홍콩 당국의 오해로 빚어진 오보로 밝혀졌다. 그리고 여성 환자와 남성 환자에 대해, 남성은 옹호하는 반면에 여성에 대해서는 근거 없는 추측으로 비난하는 이중적 행태를 보며 여성들은 분노하기 시작했다.[24] 메르스에 감염된 남자 환자가 병원을 옮겨 다니며 메르스를 감염시킨 것에 대해서는 합리화하거나 비난을 자제하는 한편, 여성 감염자의 경우에는 여성 비하적 비난으로 매도하는 현상을 목도하면서[25] 여성들은 사회의 이중성과 여성 차

---

24 주간동아(2018. 7. 20), 〈워마드는 이례적인 문화 현상〉에 의하면, 당시 메르스 갤러리에 올라온 최초 500개의 글을 검토해 보면 여성에 대한 비난이 주를 이루는 것은 아니었다고 한다. 그럼에도 감염자가 남성이라서 상대적으로 욕을 먹지 않고 있다는 지적과 동시에, 여성의 경우에는 근거 없는 추측으로 비난하는 글이 올라오기도 했다. 이런 상황을 고려하면, 메르스 사태를 계기로 오랫동안 여혐으로 공격받던 여성들이 디시인사이드의 메르스 갤러리라는 게시판에 결집하여 혐오를 되돌려주는 미러링의 장을 형성했다는 것을 알 수 있다.

별적인 시각에 대해 비판하기 시작했다. 인터넷 사이트 디시인 사이드에 메르스 관련 정보를 공유하는 게시판인 '메르스 갤러리'가 개설되자 여성들이 집결하여 성토하며 반격하기 시작했다. 그동안 벌어졌던 여성 혐오에 대한 반발과 분노가 폭발하면서, 여성들은 자신에게 가해지던 혐오 담론을 성별을 바꿔 그대로 남성들에게 되돌려주거나, '김치녀' 발언에 대응하여 '김치남'이라는 표현으로 맞받아치며 반격하였다. 일종의 미러링의 시작이었다.

이후 메르스 갤러리의 글을 디시인사이드 측에서 삭제한다는 의혹이 일었고, 이에 이용자들은 자료 삭제를 막기 위해 게시 글을 소셜네트워크서비스(SNS)로 옮겨 나르기 시작했다. 이들은 2015년 8월 7일 정식으로 웹사이트를 개설하여 활동함으로써, 디시인사이드에서 완전히 독립하여 '메갈리아'라는 커뮤

---

25 메르스 감염자가 남성인가, 여성인가에 따라 전자는 위로하고 후자는 비난하는 비일관적 평가를 내리는 근거는 결국 가부장제 위계적 젠더 체계에 기초한 성역할 분담과 가치 평가를 그대로 반영한 것임을 알 수 있다. 남성의 경우는 가족 부양과 사회의 업무에 의한 피치 못할 사정에 의한 것이고(예컨대, 당시 언론은 그가 어떤 업무를 이행해야 했는지에 대한 문제에 유독 관심을 보임), 여성의 경우에는 가정에 있어야 할 여성이 (쇼핑이나 원정 출산 등을 추측하면서) 허영심을 만족하기 위해 전염병을 퍼트리는 이기적이고 개념 없는 속물적 존재(즉 '김치녀')로 간주되었다.

니티가 탄생했다. 메갈리아는 '**메르스 갤러리**'와 소설『**이갈리아**
의 딸들』의 합성어이다.『이갈리아의 딸들』은 가부장제 젠더 체
계의 남성과 여성의 성역할을 전도시킨 가상의 세계를 설정하
여 쓴 페미니즘 소설로서, 미러링의 상징이 된다.[26]

　　2015년 12월 성소수자의 인권 문제로 메갈리아는 내부적
갈등을 겪으며 분열하게 된다. 일부 회원이 동성애자의 개인 정
보를 온라인상에 공개함으로써 성소수자임을 강제로 폭로하는
행위를 한 것이 발단이 되었다. 메갈리아 운영진은 이들 행위를
제한하였고, 그 과정에서 운영진과 의견이 충돌한 회원들은 "생
물학적 남성을 배제의 대상"으로 간주하며 메갈리아를 탈퇴했

26　2015년 6월 초에 디시인사이드에 메르스 갤러리가 생기고 거기에서 활동하
던 메갈리안은 '메르스 갤러리'라는 이름으로 불렸으나, 여성 혐오에 대응하는
방식의 핵심인 미러링이『이갈리아의 딸들』(노르웨이 작가, 게르드 브란튼베르그
의 소설)의 세계관과 유사하다는 이유로 이 소설명을 따서 '메갈리아의 딸'이라
는 이름으로 제시되었다가 '메갈리아'라는 이름으로 정착되었다. 소설『이갈리
아의 딸들』은 남성과 여성의 전통적 성역할이 완전히 뒤바뀐 사회를 그리고 있
다. 여성은 주로 직장을 가지고 돈을 벌며 사회생활을 하는 반면에 남성은 집에
서 육아와 가사를 맡아 사적 영역에 묶여 있다. 성적 관계에서도 여성이 주도하
여 쾌감을 얻고 대부분의 성적 쾌락은 여성의 것으로 기술된다. 여기서 여성은
우월하고 정상적인 인간으로, 남성은 열등하고 예속된 존재로 그리고 있다. 이
처럼『이갈리아의 딸들』은 남녀 성역할 및 가부장제 젠더 위계질서를 전도시키
는 미러링을 전략적으로 보여 준 페미니즘 서적이다.

다. 탈퇴한 회원들은 포털 사이트 다음(daum)에 여자(woman)과 유목민(nomad)의 합성어인 '워마드' 카페를 개설하였고, 2016년 2월에 독립된 사이트를 구축했다. 이렇게 생물학적 여성만을 챙기고, 여성 혐오를 미러링하며 남성을 배척하는 것을 지침으로 삼는 워마드가 탄생하였다.

이처럼 워마드는 메갈리아에서 갈라져 나온 여성 중심 사이트로서, 회원들이 워마드로 대거 이동함으로써 메갈리아는 축소되고 워마드는 세력을 확장해 나갔다. 워마드는 메갈리아의 미러링 전략을 전수받는 동시에, 남성인 한 성소수자(남성 동성애자)도 배제하면서[27] 생물학적 여성만을 위한다는 명목으로 온라인과 오프라인을 넘나들며 혐오 전략을 실행하며 여성 차별과 여성 혐오의 문제를 사회적 쟁점으로 부각시켰다.

그리고 2016년 5월 17일 여성들을 각성시킨 중대한 사건이 발생한다. 그날 새벽 강남역 인근 공용화장실에 잠복해 있던 30대 남성이 20대 여성을 살해한 '강남역 살해 사건'이 그

---

27 남성 성소수자 배제의 배경에는 동성애 남성의 여성 혐오, 성소수자 연대 방식의 문제, 운동권과 기존 올드페미 비판, 차이 정치학의 문제, 여성 의제를 희석시키는 문제 등의 이슈들이 있었다.

것이다. 그 사건은 범인의 정신질환 병력과 함께 범행 동기가 교차하면서 사회적 논쟁을 불러일으켰다. 범인은 '평소 여자들에게 무시를 당해서 참을 수 없었다'는 것을 살해 동기로 밝혔다. 그는 강남역 인근 화장실에서 여성이 들어오기를 기다리고 있다가, 남성은 그대로 보낸 반면에 그 장소에 나타난 한 여성을 살해하였다. 그 여성은 우연히 그 시간과 그 공간에 있다가 "단지 여자라는 이유로" 희생된 것이다. '여자가 자신을 무시했다'는 이유로 무차별적으로 한 여성을 살해한 강남역 살인 사건은 여성 혐오 문제에 대한 사회적 논란을 불러일으켰다. 이 사건에 대해, 언론들은 '묻지마 살인 사건'으로 규정하였고 법원은 정신질환자의 심신미약에 의한 범행으로 판결했지만,[28] 이런 시각은 '남성에게 무시당한 것은 살해의 동기가 되지 않지만 유독 여성에게 무시당한 것이 살해의 이유가 되는 상황, 그리고 어떤 여성이든 그 장소에 있었다면 피해자가 될 수 있

---

28 법원은 가해자가 정신질환자라는 것에 근거하여(즉 조현병 환자의 심신미약 상태를 고려하여) 형량을 감해 줌으로써, 범행 사건의 본질을 여성 혐오가 아닌 정신질환의 문제로 규정하였다. 그런데 실제로 조현병 환자가 일반인 보다 범죄확률이 높지 않거나 그보다 낮다는 통계에도 불구하고, 우리 사회에서 강력범죄의 원인을 정신질환에서 찾는 경향은 자칫 정신장애자에 대한 혐오 및 탄압으로 이어질 수 있는 위험이 있다.

었던 상황을 제대로 설명하지 못한다. 당시 여성들은 이 사건을 '여성 혐오로 인한 살해 사건'으로 규정하고 강남역 10번 출구에서 살해된 여성을 추모하는 행렬에 가담하였다. 이 사건을 계기로 여성들은 여성 혐오에 의해 무차별적으로 살해될 수도 있다는 것을 자각하게 되었으며, 이에 대한 정치적 저항을 시작하였다.

강남역 살인 사건에 대한 여성들의 대응방식은 두 가지 의미를 갖는다고 평가할 수 있다. 하나는 이 사건을 두고 어떻게 기술할 것인지에 대한 여성들의 정치적 투쟁이 있었다는 점이다. 이는 언어적 정치 투쟁의 시작이었다. 사회와 언론에 대항하여 이 사건이 '여성 혐오 사건'임을 밝히는 운동이었다. 그리하여 기존의 언론이 구사했던 '묻지마 살인 사건'으로 묻힐 뻔한

---

29 여성 혐오 사건이라는 것을 부정하는 언론과 사회인식에 저항하여 강남역 사건을 '여성 혐오에 의한 살해 사건'으로 규정한 것은 여성들의 투쟁의 시작이었다. 이 사건은 단지 정신질환자의 우발적 범행이라고 보기 어려운데, 살인자는 살해의 이유를 "여자가 나를 무시해서"라고 분명히 말하고 있으며, 범인은 분명 희생자를 남성이 아닌 여성으로 지목하고 있었기 때문이다. 그리고 그는 (평소에 남자가 자신을 무시하는 것에 대해서는 참을 수 없는 분노를 일으키지 않는 반면에) '여자가 자신을 무시한 것은 참을 수 없어서 범행을 일으켰다'고 진술하였다. 이는 범인이 분명 위계적이고 차별적인 젠더 체계를 내면화하고 있음을 보여 준다. 그런 의미에서 이 사건은 (앞에서 논의한 혐오의 정의에 의하면) 위계적인 젠더 체계에 근거한 '여성 혐오 범죄'라고 할 수 있다.

것을 여성주의 시각에서 재기술함으로써 '여성 혐오에 의한 살해 사건'으로 부각시켰다.[29] 이는 언어의 권한을 뺏기지 않는 것이 정치적 힘을 갖기 위해 중요하다는 것과, 언어적 투쟁이 정치적 투쟁이라는 것을 보여 주는 사건으로 여성주의 운동사에 남게 될 것이다.

　　다른 하나는, 이 사건이 여성 혐오의 문제에 대해 여성들을 각성시켰으며 행동과 실천으로 이어지도록 했다는 점이다. 강남역 살해 사건 이후 여성들이 대거 오프라인으로 나와 포스트잇을 사용하여 자신의 생각을 공론화하며 추모 대열에 동참하는 등 여혐에 대항하는 정치적 투쟁에 참여하였다. 이처럼 강남역 살인 사건은 여성 혐오에 대한 여성들의 저항 의식을 일깨우는 촉발제가 되었다. 이 때 여성들의 각성을 보여 준 대표적인 해시태그 운동은 〈#나는_살아남았다(강남역살해사건)〉와 〈#너는_나다〉이다. 여자라는 이유만으로 한 여성이 살해당한 사건은 '여성 혐오로 인해 자신이 살해당할 수 있다는 것'을 여성들이 각성하도록 만들었다. 동시에 여성들은 '그 시간 그 장소에 내가 있었더라면 바로 내가 희생자가 됐을 것'이란 사실을 깨닫게 되었다. 이렇게 '나는 우연히 살아남은 것'(#나는_살아남았다)이며, 살해당한 너가 바로 나일 수 있었다고 고백한다("#너는_나다").

그리고 2010년대 중반부터 시작된 해시태그 여성 운동은 이처럼 중요한 사건이 있을 때마다 여성들의 입장을 표명하거나 저항하는 운동의 한 방식으로 자리 잡았다. 이제 더 이상 주눅 들지 않고 당당하게 페미니스트임을 주장하고(#나는_페미니스트입니다), 누가 메갈이나 워마드인지 색출하려고 할 때는 "내가 바로 메갈"이라고 반항하며 커밍아웃하고(#내가_메갈, #내가_워마드), 오히려 '내가 바로 김치녀'라고 당당하게 말함으로써 김치녀의 비하와 혐오를 뒤집어 전복하는 운동이 일어났다(#나는_김치녀입니다). 이제 '메갈'이나 '김치녀'나 '꼴페미' 등의 여혐 표현은 위력을 잃어갔으며, 예전만큼 위협을 주거나 공포스러운 것으로 작용하지 않게 되었다.[30]

그런데 내가 보기에 여성 혐오의 상징인 '김치녀'라는 표현은 역설적으로 여성들을 각성시킨 단어이기도 하다. 앞에서 살펴본 대로, 위계적 젠더 체계에 따르면 여성에게 부과된 속성들은 하나의 주체적인 인간이 되기에 부족한 가부장제 여성 관념을 만들어냈다. 그럼에도 과거에는 현모양처나 모성처럼 여성성을 표면적으로나마 미화된 성질로 그렸던 반면에, '김치녀'는

---

30 이는 혐오 미러링의 한 효과이기도 하다. 미러링의 효과에 대해서는 다음 장에서 자세히 다룰 것이다.

여성자체가 속된 존재라는 것을 천명하는 단어로 드러났다. 한국의 여자들은 모두 개념 없는 무뇌아이자 김치녀이거나 된장녀이다. 과거에 신성시하던 어머니, 혹은 모성조차도 예외가 아니다. 이는 '맘충'이라는 단어로 드러난다. 거룩한 어머니가 아니라 아이 키우는 여자는 '벌레'로 취급되고 규정된다.[31] 모성에 대한 신성함이 깨어지면서 동시에 모성신화도 해체된다. 이제 여성들은 '올바른 행동거지로' '개념녀'가 됨으로써 여성 혐오로부터 탈피할 순 없다는 것을 깨닫기 시작했다. 과거에 가부장제가 현모양처와 거룩한 모성을 '신성시'하는, 이른바 '개념녀 되기'라는 이데올로기를 조장했다면, 이제 그것의 허구가 폭로된 것이다. 그리하여 가부장제가 미화하며 여성에게 귀속시킨 여성성, 그러니까 개념녀의 속성들은 바로 여성 혐오의 열등한 속성과 한 쌍이자 동전의 양면이라는 것을 자각하게 만들었다. 김치녀나 개념녀는 동전의 양면이며 동일한 가부장제 젠더 규범의 산물이다. 이제 여성들은 더 이상 개념녀가 되려고 하지 않고, 오히려 김치녀라는 것을 적극 수용하고 긍정해버림으로써, 젠더 체계의 논리를 전복하거나 그에 저항하기 시작했다(#나는_

---

31 『82년생 김지영』(조남주, 2016)은 한국 여성이면 누구나 겪을 수 있는 이러한 여성 혐오를 한 여성의 내러티브로 잘 구성해서 보여 준다.

김치녀입니다). 김치녀를 긍정함으로써 위계적인 이원적 젠더 체계가 균열을 일으키거나 흔들리기 시작했다. 이런 변화와 함께, 워마드의 활동이 가져온 구체적인 효과에 대해서는 다음 장에서 자세히 논의할 것이다.

| 4장 | 혐오 미러링의
방식과 그 효과

한국 사회에서 '김치녀', '된장녀'를 비롯하여 여성 전체를 매도
하는 극심한 혐오 발언이 넘쳐나는 동시에, 강남역 살인 사건 등
을 겪으면서 여성들은 여성 혐오로 목숨을 잃을 수도 있다는 경
각심을 갖게 되었다. 일간 베스트('일베')를 비롯한 남초 사이트
에서 여성 비하와 차별을 포함하는 여혐이 확산되는 가운데 메
갈리아는 혐오를 남성에게 동일한 방식으로 되돌려주는 미러링
전략으로 대응하였다. 동성애 소수자 문제를 기점으로 메갈리
아에서 분리되어 나온 위마드의 혐오 표현은 충격적으로 다루
어졌고 사회적 논란이 되기도 했다. 메갈-위마드에 대해 '여자
일베'라는 비난으로부터 여성 혐오에 대응하는 여성주의 전략
이라는 평가에 이르기까지 다양한 시각이 공존한다.

　　나는 여성 혐오에 대한 미러링을 일종의 전략으로 간주

한다. 앞으로 논의하겠지만, 미러링은 생각 없이 혐오를 쏟아놓는 것이 아니라, 여성 혐오에 대한 저항이라는 일정한 목표를 공유하며 나름의 논리와 규칙을 따른다는 점에서 일종의 '전략'이라고 말할 수 있다. 이 점이 일베의 혐오와 다른 점이다. 일베의 여성 혐오는 여성을 증오 멸시 비하함으로써 여성 자체를 비인간화하는 것을 목표로 한다. 여성을 혐오하는 것 자체가 목표인 셈이다. 워마드는 미러링을 통해 가부장제 젠더 체계의 여성 혐오를 폭로하면서 가부장제 위계에 저항하거나 균열 내려는 의도를 갖고 그런 시도를 한다는 점에서 여성주의 전략으로 볼 수 있다.

또한 미러링은 대부분 비추어 보이려는 혐오의 원본이 존재하며 그것을 이용하여 같은 방식으로 혐오를 되돌려주는 전략을 사용한다. 이 전략을 성공시키기 위해서, 여성 혐오의 원본에 대응하는 언어와 기호를 선택하고, 때로는 새로운 언어를 생성하면서 효과적인 사용 방식들을 찾아 구사한다. '김치녀'에 대응하여 '김치남'이라는 혐오 표현이 만들어진다. 물론 미러링이 이처럼 대칭적으로만 이루어지는 것은 아니지만, 넓은 의미에서 여성을 향한 혐오의 원본을 추적하는 것이 가능하다. 이런 이유로 워마드 회원들은 "워마드가 하는 모든 행동(혐오 미러링)에는 나름의 동기와 이유가 있다. 이유 없는 행동은 없다. 그 혐오가 극심할수록 거기에는 미러링의 원본이 되는 극렬한 여성 혐오가 선행하거나 전제되어 있다."고 주장하기도 한다.[32]

그런데 메갈리아-워마드의 미러링을 하나의 여성주의 전략으로 간주하려면, '메갈리아-워마드는 과연 페미니즘인가?'라는 선결 문제를 해결할 필요가 있다. 앞에서 언급했듯이, 워마드의 과격한 행동 방식에 대해 여성 단체에서도 거리를 두거나, 워마드는 페미니즘이 아니라는 주장도 제기되고 있기 때문이다. 이 문제에 답하려면, 페미니즘을 어떻게 정의해야 하는지 논의해야 할 것이다. 그런데 페미니즘이란 무엇인가? 역사적으로 보면, 많은 종류의 페미니즘이 등장하고 있으며 페미니즘 간에도 다양한 입장들이 공존하거나 서로 간에 대립하는 주장들로 대치하기도 한다. 실제로 언제나 모든 페미니스트가 한목소리를 낸 적은 거의 없다. 자유주의, 급진주의, 사회주의, 마르크스주의, 실존주의, 정신분석 페미니즘, 에코 페미니즘, 포스트모던 페미니즘에 이르기까지 페미니즘은 다종다양하며, 이들의 입장 차이는 결코 수렴되지 않는다. 페미니즘 사상들 간에도 갈등은 있으며, 심지어 서로를 비판하거나 상대 입장의 한계와 문제점을 공격하기도 한다. 예컨대, 자유주의 페미니즘에 대해서

---

32 부록의 설문 2 참고.

사회주의 페미니즘이나 마르크스 페미니즘은 가부장제 사회 구조와 계급에 의한 성차별의 문제를 간과한다고 비판한다. 사회주의 페미니즘은 계급의 문제만 해결되면 여성 차별이 해소된다고 보는 마르크스주의에 대해, 여성 억압을 노동자의 억압만큼 중요한 것으로 간주하지 않는다고 비판하기도 한다.[33] 그런데도 이들의 입장을 모두 페미니즘으로 묶을 수 있는 것은 페미니즘에 대한 최소한의 입장을 공유하고 있기 때문이다.

나는 오래 전부터 페미니즘, 곧 여성주의가 충족해야 할 최소 조건에 대해 제안해 왔다.[34] 그것은 다음 두 가지이다. 첫째는 인류의 역사를 통해 구조적으로 부당한 성차별이 있어 왔으며 지금도 그렇다는 것을 인정하는 것이다. 둘째는 부당한 성차별이 해소되어야 한다고 주장하는 것이다. 비록 부당한 성차별이 일어나는 원인이나 이유에 대한 진단과 성차별을 해소하거나 그것에 대항하는 방법에 대한 입장은 다양할지라도,[35] 두 가

---

33 Rosemarie Tong(1989), *Feminist Thought*, Westview Press. Ch.6 Socialist Feminism 참고.

34 1997년 한국여성철학회 학술대회에서, 나는 페미니즘을 하나의 단일이론이 아니라, '부당한 여성억압과 차별의 해소라는 최소한의 요구를 공유하면서 다양한 방식으로 전개되고 발전되어 가는 이론들의 총체'를 지시하는 것으로 정의하였다.

지 최소 조건을 수용하는 입장들은 모두 페미니즘으로 볼 수 있다는 것이다. 즉 부당한 여성 차별이 존재한다는 것과 그러한 성차별이 제거되거나 해소되어야 한다는 것은 페미니스트가 되기 위한 최소 조건이며, 두 조건을 충족하는 사상은 페미니즘이다. 동시에 이 두 조건은 어떤 페미니즘도 부정할 수 없는 최소한의 조건이며, 두 가지 중의 하나라도 부정한다면 페미니즘이 아닐 것이다. 나는 합리적으로 이 두 가지 조건을 부정하기가 어렵다는 점에서, 대부분의 합리적인 사람들은 페미니스트라고 주장한다. 실제로 강의실 안과 밖에서 학생들에게 두 가지 조건을 인정하는지 여부를 조사해 보면, 남학생을 포함하여 이를 부정하는 학생은 거의 없었다. 그런 의미에서 그들은 모두 페미니스트인 것이다.[36]

  페미니즘의 최소 조건에 따르면, '워마드는 페미니즘인가?', '워마드는 페미니즘의 두 가지 최소 조건을 만족하는가?'

---

35 이런 입장의 다양성으로부터, 자유주의, 급진주의, 마르크스주의, 사회주의 등 다양한 페미니즘 사상이 도출된다

36 물론 앞에서 언급했듯이, 성차별은 이미 사라졌기에 페미니즘은 더 이상 필요치 않다고 주장하는 소위 반페미니즘 내지 포스트페미니즘 현상이 최근에 일어나고 있기는 하다. 하지만 이런 주장은 성차별이 엄연한 현실을 애써 무시하는 처사이다.

그 대답은 긍정적이다. 워마드는 차별적 여성 혐오에 분노하고 있으며 부당한 성차별이 만연하다는 것을 주장한다는 점에서 당연히 첫째 조건을 만족한다. 또한 차별적 여성 혐오가 사라져야 한다는 것 또한 그들의 주장이다. 그렇다면 페미니즘의 두 가지 최소 조건을 만족한다는 점에서 워마드가 페미니즘이라는 것을 부정할 이유가 없다. 다만 성차별에 대항하는 방식에서 기존의 페미니즘과 다른 전략, 미러링을 상징으로 하는 혐오 전략을 사용한다는 점에서 차이가 있을 뿐이다. 그들 역시 자신의 고유한 방식과 전략을 사용하는 페미니스트이다. 그렇다면 서로 상이한 전략과 입장의 한계에 대해 비판할 수는 있지만, 전략이 다르다고 페미니즘의 영역에서 배제시킬 근거는 없다. 워마드 역시 여성주의 전략에 대해 시행착오를 거치면서 변모해 갈 수도 있다. 또한 전략이 다른 페미니즘들 간에도 목표를 공유할 경우 연대를 할 수도 있다. 결론적으로, 워마드는 페미니즘의 최소 조건을 만족한다는 점에서 페미니즘의 한 형태라고 말할 수 있다.

그러면 메갈리아-워마드 회원들이 사용하는 미러링의 방식은 구체적으로 무엇이며 여성주의 전략으로 어떤 효과를 갖는지 살펴보자. 앞에서 살펴보았듯이 메갈리아의 미러링의 기본 도식은 〈이갈리아의 딸들〉의 전도된 젠더 체계의 아이디어와 유사하다. 『이갈리라의 딸들』은 가부장제에서 공고화된 남성과 여성의 젠더 위계질서를 전도시키고 여성 차별적 구조를 미러링 하여 남성 차별 사회로 뒤바꾼 페미니즘 서적이다. 이처럼 여성 혐오 사회의 위계적 젠더 체계를 뒤집어 보는 것이 미러링의 출발점이다.

메갈리아 회원들은 언어 차원에서 젠더 권력을 전복하기 위해 혐오 미러링을 통해 새로운 언어를 생성하고 재정립하고자 시도한다. 2005년부터 2006년경에 인터넷과 미디어에서 여성을 혐오하며 사용되던 '된장녀', '김치녀'라는 용어에 대해 '김치남', '한남충'이라는 단어를 만들어 대항한다. 이러한 여성 혐오에 대한 미러링은 여성 차별적이고 여성 혐오적인 가부장제 남성 중심의 젠더 체계에 대한 저항이다. 워마드는 이러한 메갈리아의 미러링의 기본 전략을 이어받아, 워마드 사이트 및 트위터와 페이스북 등에서 언어 기호를 놀이삼아 꾸준히 미러링 언어를 생성하거나 고안한다.

〈페미위키〉는 미러링의 개념을 다음과 같이 설명한다.

"미러링은 … 여성 혐오적인 말이나 글, 사상, 행동을 화자의 성별만 바꾸어 뒤집어 보여 줌으로써 사회 구조를 이루는 여성 혐오를 선명하게 드러내기 위한 논증 및 설득 전략을 의미한다. … 본래 당연하게 여겨지던 현상도 성별만 반전하면 얼마나 인권 침해적이며 성적으로 대상화된 것이고 부당한 것이었는지가 명백히 드러나게 된다. 미러링은 이런 차별을 가공하여 전시하는 행위를 통해 일상이 되어 버린 여성에 대한 성차별을 자각하게 한다.[37]

미러링은 여성 혐오 담론에서 혐오 대상의 성별을 바꾸어 보여 주었을 때, 즉 혐오의 대상을 남성으로 바꾸었을 때, 원래의 여성 혐오가 얼마나 부당하고 성차별적인지 명백히 드러냄으로써 일상 속에 만연한 여성 차별을 자각하도록 만든다.[38] 이처럼 미러링은 가부장제의 성차별적 구조를 선명하게 드러낸다는 점에서 중요한 여성주의 전략 가운데 하나이다.

미러링의 구체적인 방식을 이해하려면, 메갈리아-워마드

---

37 〈페미위키〉, "미러링" 중에서. 여기서 미러링의 목적은, (1) 원래의 여혐이 부적절하다는 것을 자각하도록 드러내는 것과 (2) 여성 혐오를 무력하게 만드는 것이다.

38 미러링의 의미를 부정하는 입장도 있으나, 미러링은 적어도 가부장제 젠더 체계의 성차별적 구조를 선명하게 보여 주었다는 점에서 한국 페미니즘 역사에서 하나의 여성주의 전략으로 남을 것이다.

회원들이 사용하는 혐오 표현들을 분석하는 것이 필요하다. 그들은 일반 회원들과 새로 가입하는 회원들을 위한 '혐오 미러링 용어 사전'을 제시하는데, 이는 초기 회원을 위한 사용규칙 내지 놀이 규칙이 되기도 한다. 그것은 혐오 미러링이 무엇이며 어떤 방식을 사용하며 무엇을 의도하는지 이해하는 데 도움이 된다.

첫째, 남녀의 기본 설정(디폴트)을 전환한 미러링으로서, 남성과 여성을 나타내는 용어들의 기본 순서를 뒤바꾸는 것이다.[39] 예를 들어 남녀를 여남으로, 부모를 모부로, 하느님아버지를 창조주어머니로 순서를 바꿈으로써, 남성을 기본으로 하고 여성을 부차적으로 간주하는 언어질서를 전도시키는 전략이다. 그리하여 여성을 제2의 성에서 제1의 성으로, 또한 타자에서 주체로 복원하는 동시에 남성을 역으로 타자이자 제2의 성으로 강등시키는 것이다.

이와 관련하여 여성들에게 관습적으로 붙이던 '여류~'라는 표현을 떼어내고 역으로 남성에게만 붙이는 방식을 사용한다. 현재의 관행은 '여의사', '여성과학자', '여류소설가', '여군

---

39 〈페미위키〉는 미러링의 기본방식 중의 하나로 남녀 우선 순위의 디폴트 전환하기를 강조하고 있다. 그 외에도 주요 미러링의 방식으로 다양한 미러링 신어 만들기, 남성의 여성 혐오 발화를 바르는 미러링 등을 들고 있다.

인', '여성대통령' 등 대부분의 직업과 역할에 여성임을 환기시키는 접두사를 사용하고 있다. 그러나 미러링의 언어 사용 방식에 따르면, 여성의 경우에는 어떤 접두사도 사용하지 않으며, 아무런 접두사가 없으면 기본적으로 여성으로 간주한다. 남성의 경우에는 남성을 나타내는 접두사를 반드시 붙여 '남~'라고 표시한다. 즉 '남의사', '남성과학자', '남류 소설가', '남군인', '남성대통령'… 등으로 나타낸다. 이런 미러링 방식을 통해, 인간의 표준은 여성이며, 여성은 기본적으로 사회의 공적 영역에서 활동하는 주체인 반면에, 남성은 가정이나 사적인 영역의 역할을 담당하고 극소수의 남성만이 사회의 업무를 수행하는 직업을 갖는다는 것을 드러내는 것이다. 이는 물론 현실의 남녀 차별적 성역할 분담을 역전하여 보여 줌으로써, 성차별적 역할분담의 현실을 드러내어 비판하는 것이다. 이는 혐오 표현 자체를 사용하지 않고도 가부장제 사회에서 젠더 역할 체계의 여성 차별적인 위계질서를 폭로한다는 점에서, 차별적 여성 혐오 구조를 자각하도록 해준다.[40]

---

40 남녀의 기본설정을 전환한 미러링은 여성 혐오가 (앞에서 구분했던) 취향적 의미의 혐오가 아니라 위계적 젠더 체계에 근거한 차별적 혐오라는 것을 잘 드러내 준다.

둘째, 여성 혐오 담론에서 남녀의 성별을 바꾸어, 여성을 타자화하거나 성적 대상으로 비하하는 표현 대신 남성을 타자화하거나 비하하는 표현으로 바꾸어 대체하는 것이다. 동시에 여성 혐오에 대응하는 남성 혐오 표현을 생성하는 것이다. 예컨대 여성을 성기로 환원하는 혐오 표현에 대응하여 남성을 남성 성기로 표현한다. 또한 한남충, 한남, 김치남, 창남, (맘충에 대해서는) 애비충, 삼일한(여성을 삼일에 한번 …)에 대해서는 숨쉴한(남자는 숨쉴 때마다 때려야 한다) 등의 신어를 개발한다. '김치녀'라는 여성 혐오에 대해 '김치남'이라는 남혐으로 맞받아치고(미러링), 맘충에는 애비충으로 미러링하여 남성 혐오 표현을 만들어낸다. 혐오 미러링은 이런 방식으로 혐오 표현의 남녀 성별을 바꾸는 방식(김치**녀**→김치**남**)만이 아니라, 미러링의 신어(새로운 표현)을 개발하고 창조하기도 한다. 메갈리아-워마드 회원들은 '한남충'이라는 단어의 창조를 최고의 신어 중의 하나로 자평한다. 한국 남성을 일컫는 '한남충'은 한국 여성을 속물로 규정하는 '김치녀' 이상으로 충격적인 남성 혐오의 대표적인 용어가 된다. 워마드 회원들은 미러링에 의해 '일베도 꼬무룩해졌다'고 자평한다. 이런 방식의 미러링은 기존의 남초 카페에서 회자되는 여성 혐오가 얼마나 심각한지, 일상적으로 이루어지던 여성 혐오가 실제로 얼마나 경악할 만한 것이지 충격적으로 보여 주는 역할을 한다. 심지어 여성을 '김치녀' 등으로 혐오하던 일베에서조차 '김치녀'와 '한남충'의 표현을 동시에 금지하자고 제안할 정도이다. '김치녀' 사용에 여성들이 반발할 때 수년간 침묵하던 일베 등 여혐을 일삼던 남성들이, '한남충'이라는 혐오 미러링을 당하고 나서야 김치녀와 한남충 두 표현을 모두 금지하자고 제안하는 것을 보고, 워마드 회원들은 미러링 혐오 전략의 효과를 알게 되었다고 한다. "미러링을 통해 혐오를 당하고 나서야 여성들의 고충을 조금이나마 이해하거나 귀 기울였다."

셋째, 남성의 여성 혐오 발화 자체를 역으로 긍정적인 새로운 의미로 전환시키거나, 혐오 표현을 전적으로 긍정해버림으로써 젠더 체계의 가치 질서를 흔들거나 전복시키는 방식이다. 이 방식은 고차원적인 기호놀이로서 혐오 발언의 기호를 전유함으로써 언어 의미를 전복시키며 재창조하는 것으로 발전한다.[41] 대표적으로 여성 혐오의 상징이었던 '김치녀'를 신격화시

---

41 혐오 발언은 혐오의 대상에게 일종의 억압을 가하여 주눅 들게 만든다. 전유는 혐오 발언의 의미를 전복하여 그 발언을 무력화시키는 것이다. 예를 들면, 동성애자를 비하하는 표현이었던 '퀴어(queer 이상한)'라는 표현은 성소수자 당사자들에 의해 ('소수'의 의미로) 전유되어 적극적으로 사용함으로써 그 의미가 변하여 더 이상 혐오의 기능을 하지 않는다. 마찬가지로 대표적인 여성 혐오 발언이었던 '김치녀'도 여성들에 의해 전유되어 그 의미를 바꿈으로써 혐오적 기능이 무력화 되었다.

켜 '갓(god)치'로 탈바꿈시키는 것이다(김치녀 → 갓치녀 → 갓치). '김치녀'에 부과했던 속물적 존재의 의미를 신격화된 존재의 의미로 전복시켜버린다. 워마드는 더 이상 개념녀 되기를 포기하고, 오히려 김치녀를 더욱 적극적으로 수용하여 의미를 전도시키는 전략을 사용한다. 이처럼 미러링 전략에는 여혐을 반사시키는 남혐 언어의 생산만이 아니라, 여성 혐오 표현의 의미를 새롭게 만드는 놀이 방식을 포함한다. 이런 전략 속에 여성 혐오에 대한 저항 의식이 나타난다. 김치녀를 긍정해버림으로써(#나는_김치녀입니다), 여성들에게 억압을 가했던 '김치녀'라는 여성 혐오 발언의 의미를 긍정적 의미로 전유함으로써 억압으로부터 해방시킨다. 또한 이를 통해 "김치녀 대(對) 개념녀"라는 성과 속의 위계적 이분법을 교란시키고 해체해 버린다.

미러링의 효과

이상과 같은 방식의 혐오 미러링은 어떤 역할을 했으며 그것은 어떤 효과를 일으켰는가? 많은 이들이 워마드의 미러링 효과를 긍정하고 있으며, 워마드에 반대하거나 비판적인 사람들도 미러링의 일정한 역할과 효과를 인정하고 있음을 알 수 있다.[42] 그 것은 구체적으로 어떤 효과를 가져왔는가?[43]

여성 혐오에 대응하는 메갈리아-워마드의 혐오 미러링 전략은 특정한 효과를 가져 온 것이 사실이다. 그동안 혐오에 시달리던 여성들의 목소리가 혐오 표현을 통해 충격을 가하면서 비로소 들리기 시작했다. 어떤 의미에서 사회적으로 부정적인 이슈를 몰고 오는 비난받는 방식일지라도, 미러링 전략은 여성의 목소리를 들리게 하는 충격 요법이 되었다. 때리면 맞기만 하던 여성이 아니라, 그 이상의 반격을 가해 오는 여성들의 혐오 발언에 여혐을 일삼거나 방관하던 남성들은 경악하거나 위협을 느끼기도 하였다. 그런 점에서 미러링은 무의식적인 관행으로 이루어져 온 여성 혐오가 얼마나 심각한 것이었는지 돌이켜보도록 하는 자각의 계기가 되었다. 미러링 전략은 긍정적이든 부정적이든 목소리를 내고 귀 기울이게 만들었다는 점에서는 일차적 효과를 드러냈다고 할 수 있다. 그동안 여성들의 고통의 호소는 목소리가 없는 듯 누구에게도 들리지 않았다는 점을 생각

---

42 설문조사에 의하면, 워마드에 비판적인 사람들조차 미러링의 일정한 역할에 대해서는 인정하는 편이다. 부록의 설문(1과 2) 참고.

43 〈페미위키〉는 미러링의 효과에 대해 다음의 세 가지를 제시한다. 첫째, 여성의 각성을 유발시킨 점, 둘째, 남성의 반응(성적 대상화 경험) 셋째, 사회가 남혐과 여혐을 동등하게 규제하려는 움직임에 의해 여혐의 정서가 약화된 점이 그것이다.

해 보면 더욱 그렇다.

이처럼 차별과 혐오를 당해 온 여성들의 저항의 목소리를 들리게 했다는 것이 혐오 미러링의 가장 중요한 사회적 효과 가운데 하나이다.[44] 가부장제 사회의 광범위한 여성 혐오에 대한 여성들의 고충과 고통 등 성차별의 문제를 이슈화 하면서, 사회를 향한 여성들의 분노와 저항의 목소리가 들리기 시작했다. 그동안 정숙하고 절제된 여성의 목소리는 들리지 않았다면 혐오 표현(혐오 미러링)을 통하여 비로소 들리기 시작했다는 것이다. 워마드의 과격함에 대한 논란에도 불구하고, 이러한 사회적 효과를 만들어낸 미러링의 역할을 부정하기는 어려울 것이다. 그들은 "워마드의 혐오 미러링 보다 효과적으로 페미니즘을 사회적 이슈로 만든 적이 있는가? … 사회 모두가 우리의 목소리를 들었다 …."고 평가한다.

둘째, 미러링을 통해 여성들의 저항과 분노의 목소리가 들리게 됨으로써, 남성 혐오와 마찬가지로 여성 혐오도 자제해

---

[44] 메갈리아의 미러링으로 여성운동의 저변이 크게 확대되었다는 평가가 지배적이다. 조한혜정은 "확실히 초기 미러링으로 남성들도 여성 차별적 문화를 더 잘 알게 되었고, 공격적인 언사를 사용해 그 내용이 빨리 퍼졌다. 덕분에 비교적 쉽게 성차별 문제가 사회담론이 될 수 있었다"고 평가한다. 주간동아(2018. 7. 20), 〈워마드는 이례적인 문화 현상〉, 박세준 기자.

야 한다는 사회 분위기가 형성되고 있다. 물론 미러링을 통한 혐오에 경악하고 반사회적이라는 비난이 일고 있지만, 다른 한편으로는 여성 차별적 관행에 대한 각성도 점차 일어나고 있다. 그리하여 남혐과 여혐에 대한 동등한 규제의 여론을 끌어내고 있다. 예컨대 요즘 논란이 되고 있는 몰카 범죄에 대해, 여성에 대한 편파수사가 아니라 동등한 수사를 해야 한다는 여론이 형성되고 있다. 여성 혐오를 일삼던 남성들의 반응에도 얼마간 영향을 미쳤다. '한남충' 등 경악할 만한 혐오 표현에 대해 남성들은 워마드를 비판하는 동시에 지각 있는 남성들은 여성 혐오에 대해서 이미 들린 목소리를 무시할 수 없게 되었다. 사회적으로도 여성 혐오에 대한 경각심을 가지게 된 것도 사실이다. '여성 혐오도 그만큼 경악할 만하다.'

이상이 사회와 남성에게 미친 미러링의 효과라면, **여성에게 미친 미러링의 효과**는 무엇이었는가? 나는 미러링이 여성 자신에게 미친 효과를 진지하게 검토하는 것이 대단히 중요하다고 본다. 혐오 미러링은 여성 혐오를 남성에게 되돌려준다는 의미에서 남성을 향하고 있으나, 역설적으로 여성을 위한 역할이 더욱 컸다고 본다. 실제로 미러링의 수신자는 거울의 반사가 겨냥하는 남성만이 아니라, 여성 혐오와 그것의 미러링을 함께 바라봄으로써 차별적 여성 혐오의 부당함을 자각할 수 있었던 여성들이었다. 다시 말해 미러링의 최대 수신자는 남성이 아니라 여성 자신이었다. 이것이야말로 미러링의 중대한 효과이다. 여성들에게 미친 미러링의 효과는 다음 세 가지로 기술할 수 있다.

첫째는 사회구조적으로 광범위한 여성 차별에 대한 각성이다. 여성 자신도 미러링으로 전시된 혐오 표현을 통해 자신이 받아 온 여혐이 자연스러운 것이 아니라 경악할 만한 인권 침해이고 차별적 혐오였다는 것을 자각하게 되었다는 점이다.[45]

둘째는 자신들의 우울함이 차별적 여성 혐오에 기인한 것이라는 깨달음이 가져다준 치유 효과이다.[46] 워마드 사이트를 보면, 회원들은 여성 차별적 젠더 체계의 구조를 자각하면서 자신들의 우울증의 원인이 개인적인 것이 아니라 사회 문화적인 것이라는 점을 깨닫게 되었다. 나아가 미러링 놀이를 통하여 우

---

45 여성들의 자각에 대해서는 부록의 설문(1과 2)에도 잘 드러나 있다.

46 김선희(2013), 「감정의 문제에 대한 여성주의 철학 상담의 가능성: 여성의 분노와 우울증을 중심으로」, 『한국여성철학』 제19권, 한국여성철학회. 나는 이 논문에서 가부장제 사회에서 만연한 "여성의 우울은 문화적 우울"이라는 것을 논의하였다. 여성의 우울증의 많은 부분은 개인적인 심리의 문제라기보다는 여성에게 요구되는 차별적이고 억압적인 가부장제 젠더 체계로부터 기인하는 것이라는 점에서 문화적 우울의 성격을 갖는다. 또한 김선희(2015a) 제6장 참고.

울증이 나왔다는 고백들이 게시판에 올라온다.[47] 문화적으로 공기처럼 흐르는 여혐에 의해 우울증에 걸린 것을 자각하고 놀이로 해소함으로써 우울증이 치유되었다는 것, 그리하여 더 이상 '그것을 모르던 과거로 돌아갈 수 없다'는 의식이 생겼다는 것이 중요하다.[48]

셋째, 이러한 여성 차별을 자각하고 치유의 힘을 기르고 역량을 강화한 여성들이 온라인과 오프라인에서 여성운동을 실천할 수 있는 연대의 힘을 키우는 계기가 되었다는 점이다. 최근 연이은 여성들의 오프라인 광장 시위는 워마드를 비롯한 온라인에서 공유된 경험과 활동을 통한 여성들의 각성과 역량 강화가 큰 동력이 되었다. 그런 점에서 여성 혐오의 현실에 대한 각성과 치유로부터 얻은 여성 연대의 힘은 법과 제도의 개선을 위한 실천의 계기를 마련하였다.

이상의 **미러링의 효과**를 보면, 미러링을 통해 남성이 변

---

47 김리나(2016), 「온라인 액티비즘으로 재/구성되는 '여성'범주와 연대: '메갈리아'와 '워마드'의 사례」, 이화여자대학교 대학원 석사학위 청구논문, pp. 61~63.

48 인터뷰에 의하면, "미러링을 하다 보니, 여혐에 대응하는 데 자신감이 생기고 동시에 여성 혐오 표현에 대한 위협과 공포가 줄어드는 경험을 했다. 여성 혐오에 의한 억압과 두려움, 분노와 우울이 감소했다."는 고백도 보인다.

했다거나 남성의 변화를 기대하기보다는 어쩌면 **여성의 사고와 행위 방식에 더 많은 영향**을 주었다는 것을 알 수 있다. **여성이야말로 미러링의 중대한 자기 수신자**인 셈이다. 차별의 해소는 주어지는 것이 아니라 쟁취되는 것이라는 점과 성차별만이 아니라 모든 종류의 차별에 대한 해결의 주체는 당사자라는 것을 상기하면, 이 사실은 중요한 함축을 갖는다. 또한 이는 **여성의 각성과 자기 치유와 여성 연대의 힘**을 어떻게 발휘하느냐에 따라, 앞으로 여성 차별을 해소하거나 여성 삶의 방식을 변화시키는 중요한 계기가 된다는 것을 보여 준다.

5장

혐오 미러링의
전략적 한계

앞에서 우리는 미러링의 혐오 전략이 우리사회에서 어떤 역할을 했는지, 특히 여성 자신을 향한 미러링의 효과가 무엇인지 살펴보았다. 이제 혐오 전략 자체가 갖는 한계에 대해 검토한 후, 워마드는 이러한 한계에 어떻게 대응하는지 살펴보자.

1. 혐오 미러링은 여성 혐오와 동일한 효과를 산출하지 못한다: 여성 혐오와 남성 혐오의 비대칭성

오스틴(J. L. Austin)은 발언의 수행적 성격을 강조한 언어철학자이다. "말하는 것은 곧 행위하는 것이다." 오스틴에 따르면 대부분의 발언은 무엇을 기술하기 위한 것이 아니며, 청자에게 영향을 미치는 행위의 일부로서 발화된다. 언어의 발화는 기술하는 것에 그치는 것이 아니라, 말하는 동안 행위를 수반하는 것이다.[49] 예를 들어 '사과한다'는 말을 발화함으로써 사과하는 행위를 하듯이, 발화함으로써 이름을 짓거나 내기를 걸거나 유증하거나, 부부 선언을 하거나, 임명하는 행위 등을 수행한다. 그런데 발언이 의도한 행위나 결과를 낳으려면 몇 가지 조건을 충족해야 한다. 적절한 권한이나 자격을 가진 사람의 발언이어야 하고 효력을 발생시키기 위한 관행적인 조건들을 충족해야 하며, 올바른 진행 절차에 따라 집행되어야 그 발언은 적법하게 어떤 효과나 행위를 산출하게 된다.[50]

예를 들어 화자가 그 말을 사용할 수 있는 권한이 없으면, 혹은 사회 구조와 관습 등 제도적으로 뒷받침되지 않으면, 화자의 발화 수반 행위는 힘을 가질 수 없으며 의도한 행위에 이르는 데 성공할 수 없다. 결혼식장에서 주례가 아닌 일반 하객이 성공적으로 '부부 선언'을 할 수 없는 이유는 권한을 갖지 못한 화자의 발화는 부부 선언의 행위 효과를 산출하지 못하기 때문이다.

---

49 J. L. Austin, *How to do Things with Words*, Oxford University Press.

50 김선희(2012a), pp. 162~163 참고; Butler(1990, *Gender Trouble*, Routledge)는 오스틴의 언어 수행성 개념에 근거하여 젠더 수행성을 논증한다. 오스틴과 버틀러(1995, *Feminist Contentions*, Routledge)는 권한 내지 권력이 없으면 화자의 발화 수반 행위(illocutionary act)가 효력을 가질 수 없다고 본다.

혐오 발언 역시 마찬가지이다. 가부장제 문화의 관습이나 관행에 의하면, 즉 앞에서 살펴본 가부장제 위계적 이분법의 가치 체계에 의하면, 차별적 혐오의 대상은 여성이지 남성이 아니다. 대부분의 경우, 여성에게는 남성을 비하하거나 혐오할 권한과 자격이 주어지지 않으며, 여성에 의한 남성 혐오 발언은 언어 관행에도 적법하지 않은 것이 된다. 그리하여 여성이 남성 혐오 발언을 하더라도 그것은 여성 혐오와 동등하게 의미 효과를 낳지 못한다.

그 결과 가부장제에서 남성의 여성 혐오에 대응하여 남성을 향한 미러링의 전략을 사용하더라도, 이러한 전략은 여성 혐오와 동일한 효과를 산출하기 어렵다. 오스틴 언어 철학의 어법으로 말하자면 발화(수반 행위) 효과의 실패이다. 남성에 의한 여성 혐오와 여성에 의한 미러링이 동일한 효과를 산출하려면 둘 사이에, 그러한 표현으로 수반하는 결과를 보장해주는, 동등한 권한과 언어 관습 및 지위가 보장되어야 한다. 그러나 현실적으로 그러한 권한은 남성과 여성 사이에 이미 동등하게 주어진 것이 아니기 때문에, 바로 힘의 불평등으로 인해 남녀를 향한 혐오 발언의 효과는 동일하게 나타나지 않는다.

이러한 이유로 여성 혐오를 미러링하는 혐오 전략은 의도한 바대로 작동하지 않거나 의도한 바를 성공적으로 산출하지 못한다. 그리하여 미러링의 효과가 약화되거나 왜곡된다. 여성 혐오의 한 예를 보자. 여성의 성기로 여성을 호명했을 때, 가부장제 문화의 의미 체계 안에서 여성은 바로 성기로 환원되기 쉽다. 출산과 육아와 연관되어 생물학적 성에 묶인 방식으로 여성의 역할을 강조해 온 가부장제 문화가 그러한 의미 체계를 강화해 준다. 반면에 남성을 성기로 호명했을 때, 남성성과 연관된 가부장제 규범과 의미 체계가 남성이 성기로 환원되는 것을 막아준다. 그리하여 여성 혐오를 미러링하는 전략을 사용할지라도 동일한 혐오의 효과가 발생하지 않는다. 성기로 호명되었을 경우 남성보다 여성이 훨씬 더 수치심을 느끼는 이유이다. 이는 남성 혐오와 여성 혐오의 비대칭적 구조를 보여 준다.

여성 혐오와 남성 혐오의 비대칭성-남성 혐오는 없다?

이러한 비대칭성 논제는 중요한 결론을 함축한다. 여성 혐오 발화와 언행으로 여성들은 차별적 혐오를 당하지만, 남성은 동일한 방식으로 혐오를 당하는 것이 아니라는 것을 보여 준다. 또한 여성 혐오로 인해 여성은 현실적으로 차별과 억압을 받지만 남성의 경우는 그렇지 않다. 그런데 혐오 미러링이 행해지고 있음에도, 실제로 '남성 혐오는 없다'라는 주장이 논란을 일으키고 있다. 미러링을 통해서 남성 혐오 발언을 하고 있음에도 불구하고 '남성 혐오란 없다'는 주장은 대체 무얼 의미하는가? 그리고 무슨 근거로 그런 주장을 하는가?

앞에서 논의한 가부장제의 위계적 젠더 체계에 근거하여 정의했던 혐오 개념을 상기하면 여성에 대한 혐오의 개념과 남성에 대한 혐오의 개념이 어떤 차이를 갖는지 잘 드러난다. 2장에서 구분했던 혐오의 두 가지 정의, 즉 취향적 혐오와 차별적 혐오의 구분을 상기해 보자. 여성은 이미 열등한 계급에 위치하는 위계적인 젠더 체계의 구조에 의해 타자이고 차별적인 혐오의 대상이다. 여성 혐오가 단지 혐오의 표현에 그치는 것이 아니라 구조적으로 여성을 차별하고 타자화 함으로써 인권을 침해하는 반면에, 미러링은 이런 의미의 차별적인 남성 혐오가 될 수 없다. 가부장제의 위계적 젠더 체계에서 남성은 차별적 혐오의 대상이 될 수 없기에, 혐오 미러링은 실제로 남성들을 위협하지 않으며 언어적으로 혐오를 표현하거나 전시할 뿐이다. 그런 점에서 여성 혐오에 대응하는 차별적인 남성 혐오란 없다. 물론 취향적인 의미의 남성 혐오를 부정할 필요는 없다. 이는 남성 혐오와 여성 혐오의 근본적 비대칭성을 보여 준다.[51] 오스틴의 언어

---

51 여혐과 남혐의 비대칭성 논제에 의하면, 워마드는 '여자 일베'로 볼 수 없다. 워마드를 여자 일베로 보거나 혐오 미러링을 원본과 동등한 혐오로 주장하는 것은, 젠더 권력과 무관하게 언어 체계에서 여성과 남성이 동등한 권한과 대칭

수행성 개념은 바로 이 사실을 지지하고 있다. 즉 언어의 발화효과를 보면, 여성 혐오와 남성 혐오의 발화는 동일한 효과를 산출하지 않으며 그 결과 차별적인 남성 혐오는 성공하기 어렵다는 것을 보여준다.[52] 다시 말해 언어 수행의 비대칭적 권한 때문에 여성 혐오와 달리 미러링에 의한 남성 혐오는 발화 효과에 실패한다. 즉 여성에 의한 남성 차별적 혐오란 없다.[53]

그런데 윤지영은 혐오와 분노의 차이에 근거하여 '남성 혐오는 없다'고 주장한다. "(미러링을 하고 있는) 메갈리안들은 혐오라는 파토스에 의해 추동되는 자가 아니라 분노라는 파토스에 의해 촉발된 이들이다."[54] 남성들에 의한 여성 혐오는 혐오인 반면에, 여성들의 혐오 미러링은 실제로 혐오가 아니라 분노의

적 힘을 갖는다고 전제하는 것이다. 하지만 이미 논의했듯이, 이는 언어 발화의 수반적 효과 및 언어사용자의 권한에 따른 발화 효과의 차이를 간과한 것으로 오스틴의 언어 수행성에 대한 무지에서 비롯된 것이다.

52 이 사실은 미러링이 스스로 변화하지 않는 남성들에게는 실질적 영향을 미치기 어렵다는 것을 말해준다.

53 그런 의미에서 혐오 미러링은 표현된 혐오만큼 상대에게 현실적인 위협이나 억압을 가하지 않는다. 따라서 남성들은 여성들의 혐오 미러링에 충격을 받지만(그리고 기분이 나쁘긴 하지만), 현실적으로 위협이 되지도 않고 차별을 받지도 않는다. 보통 혐오의 대상이 현실적으로 배제되고 차별과 압박을 느끼는 것과는 차이가 있다.

표현이라는 것이다. 그런데 이런 접근방식은 여혐과 남혐의 비대칭성을 설명하기에 충분하지 않다. 물론 나는 여성들의 미러링에 저항 의식과 분노가 들어있다는 것을 부정하지 않는다. 하지만 여혐과 남혐을 혐오와 분노의 범주로 이분하여 설명하는 것은 한계가 있다. 왜냐하면 남성을 향한 혐오 미러링에는 혐오와 분노의 언어가 모두 들어있기 때문이다. 다시 말해 혐오 미러링은 단순히 분노만으로 작동하지 않는다. 거기에는 분노와 혐오, 때로는 풍자와 해학과 놀이의 요소도 들어있다. 더욱이 그들은 미러링을 통해 혐오 표현을 적극적으로 양산하고, 혐오를 되돌려주는 효과적인 표현을 찾는 데 관심을 갖는 등 혐오를 의도한다는 것을 부정하기 어렵다. 따라서 분노와 혐오의 배타적 구분에 근거하여 남성 혐오란 없다는 논증을 전개시키는 것은 한계가 있다. 앞에서 논의했듯이, 위계적인 젠더 체계의 구조에 의해 '차별적인 의미의 남성 혐오란 없다'는 것을 논증하는 것이 더 설득력이 있다.

---

54 윤지영(2015). 「전복적 반사경으로서의 메갈리안 논쟁: 남성 혐오는 가능한가?」, 『한국여성철학』 제24권, 한국여성철학회, p. 61. 이에 따라 윤지영은 여성 혐오에 대한 혐오도 없으며, 단지 남근 질서에 대한 분노, 여성 혐오에 대한 분노만이 있을 뿐이라고 주장한다.(p. 64)

2.   혐오 전략의 딜레마: 모든 혐오는 결국 여성 혐오로 귀결된다.

마사 누스바움은『혐오와 수치심』에서 '혐오는 특정 집단을 배척하기 위한 사회적 무기'라고 규정한다. 그에 따르면, 혐오는 계급이나 젠더 위계질서에서 특권층 집단이 동물적 육체성으로 부터 유래한 점액성, 악취, 부패, 불결함 같은 혐오적 속성을 연상시키는 여성을 비롯한 소수자 집단을 자신과 분리시킨 후 자신들의 우월한 지위를 명백히 하고 그들과 오염되지 않기 위한 사고와 관련된 감정이다. 혐오에 담긴 핵심 속성들은 여성의 몸과 매우 밀접하게 은유되어 왔으며, 대부분의 문화와 전통 속에서 여성 몸은 오염물로 더렵혀진 불결한 영역이고 여성은 유혹하는 오염의 원천으로 표현되어 왔다. 그리하여 혐오의 대상은 주로 유대인, 여성, 동성애자, 불가촉천민, 하층 계급 사람들이지만, 혐오는 근원적으로 여성 혐오를 상상하게 만든다.[55]

누스바움은 혐오의 감정이 인간이 지닌 동물적 육체성을 불결하고 오염시키는 부정적 속성으로 간주하는 사고에 토대를 둔다는 점을 간파하였다. 그리고 가부장제 전통 속에서 그러한 오염적 육체성은 곧 여성의 몸 내지 여성성을 상상하는 것과 연

---

55 M. Nussbaum(2004),『혐오와 수치심』, 민음사, pp. 207~209.

관되어 왔다고 분석한다.

인간 부정은 공격적이고 잠재적으로 폭력적인 여성 혐오이다.… 여성은 출산과 성교와의 명백한 관련 때문에 동물적 본성을 상징하게 된다. 자신의 동물적 본성을 부정하는 데 필사적인 사람은 자신이 여성이라는 것을 부정해야 할 뿐 아니라, 자신은 여성을 혐오감과 치욕감의 대상으로 만드는 불편한 특성을 전혀 공유하고 있지 않다고 상상하면서 자신과 여성과의 모든 공통점을 부정해야만 한다.[56]

가부장제 사고는 인간의 동물적 육체가 지닌 취약하고 부정적인 속성(질병, 고통, 연약, 상처, 죽음 등)과 그와 관련된 범주들(즉 동물, 육체, 자연, 땅, 대상, 타자 등)을 여성에게 귀속시키고 그와 대립하는 초월적인 정신 속성(영원, 무병장수, 강건, 영생 등)과 그와 관련된 범주들(정신, 문명, 천상, 주체 등)을 남성에게 부과한다. 가부장제 사고는 이런 방식으로 부정적인 인간성(동물적 인간본성)을 자신으로부터 분리하여 여성에게 귀속시킴으로써 여성을 혐오하고 그것을 초월하려는 사고를 함축하고 있다. 즉 인간성을 두

---

56 M. Nussbaum(2008), "Compassion: Human and Animal." 서울: 〈석학과 함께하는 인문강좌〉 발표문, p. 14.

종류의 범주로 나눈 후, 가부장제 남성은 동물성/육체성/유한성이라는 취약한 인간 본성을 부정하고 그로부터 자신을 분리시키기 위해 그것을 여성에게 덮어씌우고 혐오해 왔다. 가부장제의 여성 혐오는 사실상 동물적 인간 본성을 혐오하는 인간 부정의 사고에 근거한 것이다.[57]

이와 같이 위계적 가부장제의 이분법적 젠더 체계의 중심 사고는 인간성/동물성/육체성에 대한 부정과 혐오에 근거해 있으며, 이는 바로 여성 혐오의 다른 얼굴이다. 결국 혐오의 감정은 여성성의 부정이며, 취약한 육체를 가진 인간성에 대한 부정의 사고에 토대한다. 그리하여 가부장제 사회에서 혐오의 대상은 근본적으로 여성을 비롯한 취약 계층과 소수자를 표적으로 삼는다. 이런 점에서 여성주의가 혐오 전략을 사용하는 것은 근원적으로 자기 모순적인 딜레마에 빠질 위험을 안고 있다. (이런 염려가 현실로 드러나는 부분에 대해서는 뒤에서 다룰 것이다.)

또한 혐오는 자기혐오로 귀결되기 쉽다. 혐오담론은 오염의 은유를 사용하는데, 그것은 청정과 오염의 이분법에 근거한다. 청정지역은 오염될 위험에 노출되며, 한 방울의 오염수 만

---

57 김선희(2012a), p.182.

으로 청정수 전체가 오염되어 버린다. 그런 의미에서 혐오와 오염의 은유는 오염을 전체로 확산하고 그 안에 있는 자신마저 혐오의 대상이 되는 것을 막지 못한다. 이렇듯 혐오는 자기혐오에 빠지기 쉽다.[58] 혐오와 혐오의 은유를 무차별적으로 받아들이는 것이 위험한 이유이다. 혐오의 미러링은 혐오의 은유를 수용하고 사용함으로써 결국 자기혐오와 오염에서 자신을 지키기 어렵다. 그렇다면 불의한 제도를 개선하려면 혐오하기보다 분노로 대응하는 것이 나은 전략일지 모른다. 혐오는 취약한 계층과 오염되지 않으려는 분리와 부정의 감정이라면, 정당한 분노는 불의와 해악에 대한 근거 있는 감정으로 저항의식과 건설적 참여를 동반한다. 혐오의 담론이 증대할수록 사회 구조를 바꿀 수 있는 분노의 힘은 부정적으로 소진되어 버린다. 혐오와 낙인찍

---

[58] 나의 상담 사례에 의하면, 어떤 집단이 일부의 비리 때문에 혐오의 표적이 되었을 때, 청정과 오염의 은유에 의해 한 내담자는 자신이 속한 집단 전체가 오염되었다고 생각했다. 그 결과 자신도 오염되었고 더러운 진창에 빠졌다고 생각하여 자기혐오에서 헤어 나올 수가 없었다. 그 경우에 혐오의 은유를 수용하는 것을 멈추고 혐오의 구조를 이해하는 것이 필요하다. 혐오 발언에 대해 혐오의 은유를 무비판적으로 수용할 때 자기혐오에 빠지기 쉽다. 그런 점에서 '자기혐오에 빠지기보다 차라리 분노가 낫다.' 오마이뉴스(2017. 3. 13), 철학 상담 나선 김선희 교수 인터뷰-〈'박근혜 끝났으니 이대생들 이겼다? 경찰만 보면 발작, 트라우마로 고통'〉, 신나리 기자.

기는 여성성의 부정과 인간 부정의 사고에 기반을 둔다는 점에서 반인문성을 담지하고 있다. 그것은 인간 존중의 가치를 손상시키고 개인들의 자유를 억압한다. 그런 점에서 여성주의는 혐오와 낙인찍기의 부정적 감정과 사고를 어떻게 방향 전환 할 것인지를 지속적으로 고민하고 물어야 한다.

3.   혐오감은 동정심 등의 도덕적 감수성을 훼손한다.

위에서 살펴보았듯이, 혐오는 인간의 동물적 육체성을 부정하는 사고에 토대를 두고 있으며 여성을 비롯한 취약계층을 대상으로 삼는다. 육체성을 부정하는 가부장제의 위계적 젠더 체계가 이런 사고를 더욱 강화한다. 다른 한편 취약하고 상처입기 쉬운 인간 몸이야말로 도덕적 공감의 토대가 되어 왔다. 인간은 몸을 가졌기에 상처를 입고 고통을 느끼고 죽을 수도 있으며, 여기서 자신과 타인의 고통을 최소화해야 한다는 도덕적 의무감이 생겨난다. 이렇게 인간의 몸은 공감과 동정심을 함양시키는 도덕적 감정의 토대로 작용한다.

그런데 누스바움은 혐오의 감정이 인간의 육체성을 부정하는 사고와 결합하여 공감이나 동정심 등의 도덕적 감정을 훼손시킨다고 주장한다. 혐오는 왜 동정심의 형성을 방해하거나 왜곡시키는가? 이 물음을 해명하면서 누스바움은 혐오의 차별적 특성을 드러내고, 혐오가 어떻게 동정심의 형성을 훼손시키는지 논의한다.[59]

혐오감의 일차적 대상은 자신의 동물성을 상기시켜 주는 것으로, 신체적 배설물, 시체, 동물성과 죽어야 할 숙명 같은 것들이 기본적으로 혐오감을 일으키는 계기가 된다. 사람들은 다만 자신의 동물성을 혐오하는 것만으로 충분치 않으며, 자신들과 대척하는 경계선 밖에 있는 사람들의 집단을 필요로 한다. 그 집단을 혐오스럽고 동물적인 것만을 상징하는 것으로 낙인찍고 증오의 대상으로 만듦으로써, 그들의 동물적 특성으로부터 자신과 자신이 속한 지배집단을 안전하게 격리시킨다. 만일 그러한 동물적인 인간들로부터 나 자신을 성공적으로 분리할 수 있다면 나는 동물로부터 멀리 떨어져 초월할 수 있게 된다. 대부분의 사회에서 그러한 혐오의 집단은 여성이며, 소수인종이나 소수민족(아프리카 미국인, 유대인 등)이 그런 동물 같은 집단으로 낙인찍힐 수 있다. 혐오스럽다고 낙인찍힌 하위집단은 결함 있고,

---

59 이 두 가지 감정의 관계에 대해서는 Nussbaum(2001), *Upheavals of Thought: The Intelligence of Emotions*, Cambridge University Press에서 논의된 바 있다. 이하는 그 내용을 요약하여 기술한 것이다.

무가치하고 훼손되었으며 초월적인 인간성의 높이까지 오를 수 없다고 생각한다. 자신의 동물적 육체성을 부정할수록 그들에 대한 혐오와 낙인찍기는 더욱 공격적이 된다.

이제 우리는 인간의 동정심이 어떻게 인간의 육체성을 부정하는 사고에 의해 오염될 수 있는지 이해할 수 있다. 일단 어떤 사람이나 집단을 동물적 부패와 동물적 연약성을 상징하는 표적으로 정하고 자신과 거리를 두면 그 사람들의 고난과 곤경에 공감하기 어려워진다. 그들의 고난은 나 자신의 것이 될 수 없다. 나는 그 모든 것 위에 초월해 있기 때문이다(인간 부정). 우리는 그들을 매우 야만적으로 보면서 그들이 우리들 자신과 같은 내면을 가질 수 없다고 생각한다. 인간이 동물을 보는 식으로 우리는 그들을 오직 대상으로만 보게 된다. 특히 여성에 대해, 흑인과 소수인종, 소수민족에 대해서 유사한 태도를 보인다. 이제 그들은 동정심을 구성하는 요건들을 갖지 못한 존재로서 간주되고, 그들에 대한 동정심이 상실된다. 예컨대 혐오의 대상으로 분리된 집단에 대해서는 동정심의 구성요소인 '중대성의 판단'을 오염시킨다. 어떤 사람이 단지 짐승에 지나지 않는다면 그들은 아마 그렇게 심히 괴로움을 당할 수 없다. 그들은 단지 대상이고 자동기계에 불과하며, 그렇다면 그들의 고통은 우리와 같은 정도로 중요하지 않다. 또한 인간 부정에서 나오는 치욕과 혐오감은 누가 자신의 관심 범위에 속하는가를 판단하는 '행복 주의적, 혹은 목적지향적 판단'을 오염시킨다. 인간 부정에 의해 집단의 분리가 일어난 경우 치욕과 혐오의 대상이 되는 집단은 우리와 같은 가치와 중요성을 부여받은 사람이 아니므로 진정 관심을 기울일 가치가 없다고 판단하게 된다.[60] 그들도 우리와 마찬가지로 고통을 피하고 행복을 추구하는 존재라는 생각을 하지 못한다. 그리하여 인간 부정에 의해 집단의 분리가 일어나면 우리는 자신과 분리된 취약한 동물적 집단에 대해 동정심을 느끼지 못한다. 그들의 고난과 고통에 대해 동정하기보다는 혐오감을 느끼게 된다. 혐오는 취약한 계층을 대상으로 하며 그들에 대한 동정심의 도덕 감정을 훼손시킨다는 점에서, 그리고 약자도 혐오의 논리를 사용할 때 더욱 취약한 계층을 혐오할 가능성이 있다는 점에서, 혐오 전략은 소수자로서 여성의 인권을 부르짖는 여성주의 가치와 상충할 수 있다.[61]

---

60 M. Nussbaum(2008), pp. 13~14. 동정심의 요건에 관한 논의는 이 부분을 참고할 것.

61 이와 관련하여, 워마드의 난민 반대 등 소수자에 대한 공격은 혐오 논리에 내재된 자기모순이 아닌가 하는 의문이 제기된다. 이는 혐오가 강자의 치졸한 무기이지만, 약자에게도 혐오 전략을 사용하는 것은 자신보다 취약한 집단을 배척할 수 있다는 점에서 안전하지 않다는 것을 말해 주는 듯하다.

4.   윤리적 이유: 혐오를 혐오로 대응하지 말라?

소크라테스는 "불의를 불의로 갚아선 안 된다"고 말한다. '불의를 저지르는 것보다 당하는 편이 더 낫다.' 여기서 불의 대신 폭력이나 혐오를 대치해도 이 주장은 성립할 것이다. 한편 이 주장은 자명한 진리처럼 보이지만, 동시에 불의한 현실 상황에서 우리에게 의문을 불러일으키는 것도 사실이다. 불의를 저지른 상대나 권력에 대해 불의를 사용하는 것이 왜 나쁜가? 폭력을 사용하는 자에 대해 폭력으로 대항하는 것이 왜 나쁜가? '불의를 불의로 갚지 말라'는 것은 확실히 '눈에는 눈, 이에는 이'의 전략과 다르다. 소크라테스의 주장은 불의나 폭력은 그자체로 정당화될 수 없다는 것을 의미한다. 이에 따르면, 혐오 역시 폭력이나 불의와 마찬가지로 정당화될 수 없다. 비록 남이 나에게 먼저 폭력이나 혐오를 사용했더라도, 상대에게 폭력을 가하거나 혐오 발언을 하는 것은 정당하지 않다는 것이다. 그런 관점에서 본다면, 혐오 전략 자체는 정당화되기 어려워 보인다.

폭력에 대항하여 폭력을 사용하는 것이 허용되는지, 허용되지 않는지 하는 것은 오래된 논쟁이다. 만일 폭력에 의해 선량한 사람들이 모두 죽게 된다면, 그것을 막기 위해 폭력을 사용하는 것이 과연 부당한가? 폭력은 결코 정당화되지 않기에 폭력으로 대항하는 것을 막아야하는가? 이 물음에 대해 카뮈는 『반항하는 인간』에서 '양심적 살인자'라는 비범한 심성의 소유자의 이야기를 통해 독특한 시각을 제시한다.[62]

" … 이 양심적 살인자들은 지극히 극단적인 자기모순 속에서 반항하는 인간의 숙명을 살아갔다는 것을 짐작할 수 있다. 그들 역시 '폭력의 불가피성을 인정하면서도 폭력이 정당화될 수 없다는 것을 고백했다'고 볼 수 있다. 필요한 것인 동시에 용서받을 수 없는 것, 그들의 눈에 비친 살인은 바로 이런 것이었다."[63]

" … 폭력이 필요하다고 생각하지만 정작 그것을 정당화할 수 없었던 그들은 자기 스스로를 정당화 근거로 삼아 자기들이 제기한 문제에 대하여 개인적인 자기희생으로 응답하겠다는 생각을 해냈다. … 그리하여 하나의 생명은 다른 하나의 생명을 대가로 요구하게 되었고, 바야흐로 이 두 희생으로부터 어떤 가치의 약속이 태어난다."[64]

" … 죽는 것을 받아들이고 하나의 생명의 대가를 생명으로 치

---

62 알베르 카뮈, 『반항하는 인간』, 김화영 옮김, 책세상, pp. 276~290.

63 카뮈, p. 283.

64 카뮈, p. 284.

르는 자는 … 그 자신을 초월하는 하나의 가치를 긍정하는 것
이다. … 칼리아예프와 그의 동지들은 허무주의를 극복했던 것
이다."[65]

카뮈의 '양심적 살인자'는 불의한 세계에서 '폭력을 사용
하는 것의 불가피성'을 부정하지 않는다. 동시에 폭력이 결코 정
당화될 수 없다는 것 역시 알고 있다. 또한 살해의 표적이 되는
자가 무고한 아이들과 함께 있다는 이유로 계획된 테러를 감행
하기를 포기한다. 폭력이 불가피한 경우라 할지라도 그들은 '자
신의 생명을 위험 속에 내던지는 한편, 타인의 생명에 대해서는
더할 수 없이 세심한 주의를 기울였다.'[66] '양심적 살인자'는 불
의에 저항하기 위해 불가피하게 암살을 하는 경우라 할지라도
자신의 살해행위를 결코 정당화하지 않는다. 그리하여 누군가
를 살해한 대가로 자신의 목숨을 기꺼이 내놓는다.[67] 이때 비로
소 모든 가치를 부정하는 허무주의가 극복될 수 있다. 혐오를 정
당화하지 않는 것, 전략으로서의 혐오 미러링이라 할지라도 여
성주의 가치가 허무 속에서 무화되지 않기 위해서는, 나아가 혐

---

65 카뮈, p. 290.

66 카뮈, p.282.

오 전략이 딜레마나 자기모순에 빠지지 않기 위해서는 이 문제 의식을 놓쳐선 안 될 것이다.[68]

　　이상에서 살펴 본 혐오 전략의 한계들, 즉 남혐과 여혐의 비대칭성 문제, 여성 혐오와 자기혐오로 귀결되는 혐오 전략의 딜레마, 도덕적 감수성과 윤리적 문제 등에 대해 워마드는 어떻게 대응하는지, 혹은 그들은 어떤 방식의 논리를 사용하는지 다음 장에서 살펴볼 것이다.

---

67 소크라테스는 불의를 불의로 갚지 않기 위해 탈옥을 거부하고 자신의 목숨을 내놓았다면, 카뮈의 양심적 살인자는 불의에 맞서 '불의'를 저지른 대가로 자신의 목숨을 내놓는다. 둘 다 목적을 위해 수단을 정당화 하지 않았다는 점에서는 같다. 그리하여 그들은 자신이 지키고자 하는 가치를 지켰고 허무주의에서 빠져나올 수 있었다.

68 이 주제로 수업 중에 학생들과 토론했던 적이 있다. 학생들은 각기 "SNS에서와 달리, 현실에서는 혐오와 증오로 대응하기보다 차분하고 절제된 언어로 설득하는 것이 좋은 결과로 이어진다고 생각해요", "그렇지만 변하지 않는 여성 차별과 여혐을 보면서, 혐오로 대응하는 그들을 비난만 할 수는 없는 것 같아요. 혐오방식에 동의하진 않지만 그들의 심정을 이해할 수는 있을 것 같아요", "혐오를 정당화하긴 어렵지만, 현실적으로 혐오에 혐오로 대응하지 말고 순화된 말만 사용하라고 하는 건 이상에 불과하다고 생각해요" … 등의 의견을 제시하며 혐오 전략의 현실적 고민을 토로하기도 했다. 나는 영페미들이 의견이 다른 상대방을 비난하지 않으면서도 자신의 입장을 밝히고 고민을 나누는 것을 보며 오히려 안심이 된다. 이런 토론이 자신과 여성주의 가치를 지키기 위해 숙고하는 계기와 힘이 될 것이라고 믿기 때문이다.

| 6장 |

혐오 전략의 한계에 대한 워마드의 대응 방식: 놀이와 가벼움의 논리

1.　워마드의 대응 방식 검토

혐오 전략 혹은 혐오 미러링의 대명사로 간주되는 메갈리아-워마드의 경우[69], 이러한 한계에 어떻게 대응할 수 있는가? 특히 '워마드'는 혐오 전략의 한계에 대해 어떻게 대응해 왔는가? 사이트를 들여다보면, 그들은 표면적으로 보이는 것보다 훨씬 '영리한' 전략을 사용하고 있다는 것을 발견할 수 있다.

　　우선 워마드는 '놀이터'를 표방한다('xx놀이터').[70] 현실의

---

[69] 비록 메갈리아로부터 워마드가 분리된 이후 메갈리아 사이트는 축소되고 있지만, 워마드의 혐오 미러링 전략이 메갈리아로부터 전수되었다는 사실은 변하지 않는다.

[70] http://womad.life

혐오 발언 이전에 미러링을(남성 혐오를) 놀이로 수행하는 일종의 놀이터임을 강조한다. 그러므로 웃고 넘어가야 할 놀이를 도덕적 잣대로 평가하고 준엄하게 비판하려는 것을 '웃기는 일'이라고 조롱한다. 웜련(워마드 회원들이 자신을 부르는 용어들, 웜련, 나련, 너련 중의 하나)들은 도덕규범과 엄숙주의를 버리고 여성 혐오(혹은 여혐)에 맞서 남성을 조롱하는 놀이를 추구한다. 특히 여성 억압의 외디푸스 콤플렉스를 비웃듯이 남근을 왜소하다(6.9)고 조롱한다. 69는 한국 남성의 성기를 표상하는 숫자로서 담론 여기저기에 등장한다. '남성'을 '6남성9'으로 표기함으로써 6~9, 66~99는 인용 부호(' '와 " ")처럼 기능하기도 한다. 웜련들에게 남근은 더 이상 선망의 대상이 아니라 멸시와 조롱과 비웃음의 대상일 뿐이다. 바로 여성 억압의 문화 코드인 프로이트의 외디푸스 콤플렉스가 한순간에 무너지며 조롱의 대상이 되고, 웜련들은 이 콤플렉스에서 벗어나는 해방감을 느낀다. 적어도 워마드에서는 이 콤플렉스가 사라짐을 고백한다.[71] 물론 이것이 놀이와 게임으로만 끝나지 않고 현실에서 삶의 방식을 바꾸는 것으로 이어지거나 그것을 추구하기도 하며, 놀이와 현실의 경계가

---

71 게일 루빈은 『일탈』(임옥희 옮김, 동서문화사, 2015) 중 '여성 거래'에서, 외디푸스 콤플렉스가 하찮아지는 젠더 없는 문화를 추구한다. 워마드의 놀이터에서는 외디푸스 콤플렉스를 비웃듯 조롱한다.

모호해 지기도 한다. 남성이 규정한 '코르셋'[72]을 벗어던진 삶을 사는 것을 추구한다. 놀이가 수행으로 삶의 실천으로 확장된다.

이제 워마드가 혐오 전략의 한계들에 어떻게 대응하는지 살펴보자. 첫째 한계는 **혐오 미러링의 발화 효과에 대한 것**이었다. 앞에서 논의했듯이, 발화 수반 행위가 성공하려면 발화자는 힘과 제도에 의해 뒷받침되는 권한을 갖고 있어야 한다. 발화가 모종의 효과를 갖기 위해 힘과 권한이 필요하다. 그런데 앞장에서 논의했듯이, 가부장제 문화와 사회구조 안에서 남녀 사이에 권한의 비대칭성 때문에 여성 혐오에 대한 미러링 전략이 의도한 효과를 낳지 못한다는 한계가 있다.

그런데 워마드 회원들은 언어의 발화가 무언가 효과를 일으킬 수 있다는 언어적 힘을 잘 인지하고 있는 듯 행동한다. 혐오 미러링은 혐오의 단순한 반사에 그치는 것이 아니라, 일종의 단어와 기호를 가지고 놀이하면서 발화 효과를 내기 위한 언어적 힘을 길러 나간다. 처음에 의도한 발화 효과를 내지 못할 경우, 지속적인 댓글과 실험적인 표현으로 수정해 나가며 그 과정에서 새로운 전복의 방식을 발견하기도 한다. 여성 혐오 표현

---

[72] '코르셋'은 육체적, 정신적, 문화적 의미의 여성억압을 상징한다. 그리고 탈코르셋 운동은 바로 이러한 여성 억압에서 벗어나자는 운동이다.

이나 단어를 비틀어 의도하는 새 의미를 창출하기도 하고, 일베의 여성 혐오 발언을 역으로 이용하여 상반된 효과를 산출하는 언어 놀이를 하기도 한다. 예를 들어, 여성 비하와 혐오의 상징이 된 '김치녀'를 변형하여 스스로를 '갓치'로 부른다.[73] 이 변형의 과정에서 여성을 혐오하는 '김치녀'라는 표현이 '갓치'로 신격화 된다. 혐오 미러링은 단순한 혐오의 모방이 아니라 전략적으로 단어와 기호를 가지고 놀이하는 것이며, 미러링의 지속적인 변형과 생성 과정을 통해 발화 효과를 재창출하기도 한다. 워마드는 '김치녀'에 대응하는 남성 혐오 표현인 '김치남'에 이어 '한남충'이라는 더 강력한 표현을 창안한다. 워마드는 미러링을 통해 여성 혐오로 공격하던 일베를 주눅 들게 만들었다고 자평한다. 이처럼 미러링 표현이 강력하면 할수록 '김치녀'라는 여성 혐오 표현은 상대적으로 혐오감이 상쇄되거나 혐오로 인한 억압이 약화되는 부차적 효과를 얻는다. 이제 '김치녀'라는 여혐 표현은 예전의 위력을 갖지 못한다.

그럼에도 불구하고 현실에서 여성 혐오는 치명적일 수 있다. 예컨대, 직장과 생계를 잃거나,[74] 심지어 목숨을 잃기도 한

---

73 김치녀를 갓(god)치녀로 바꾼 후에 '녀'를 제거하여 '갓치'로 부른다. 즉 김치녀 → god+치녀 → 갓치녀 → 갓치.

다.[75] 하지만 남성 혐오는 실제로 치명적이지 않다. 즉 미러링은 현실적으로 어떤 차별도 일으키지 않으며 남성에게 아무 위협이 되지 못한다. 현실의 제도와 구조는 그리고 이것을 반영하는 가부장제 문화와 언어 의미 체계는 여성의 경우와 달리 남성을 위험으로 몰지 않는다. 여성은 공정하고 정의롭게 대우해야 하는 존재가 아니라, 여성은 귀찮게 굴면 '펜스룰'을 적용하면 그만이라고 말할 수 있는 구조이다. 그리하여 여성은 이중적으로 다시 배제된다. 그렇다고 여성이 남성에게 펜스룰을 적용할 수 없음은 물론이다. 여성은 이미 기득권을 소유하거나 누군가를 배제할 권한을 갖는 위치에 있지 않기 때문이다. '결국 정답은 펜스룰이다'라는 남성들의 반응이 현실의 비대칭적 권력관계를 적나라하게 드러내 준다.[76]

---

74 예를 들어, 2016년 여름, 게임 회사 넥슨이 '메갈리아'가 판매하는 티셔츠를 입었다는 이유로 자사 여성 성우를 하루 만에 교체한 사건이 발생하였다. 이에 이 사건이 부당한 결정이었음을 항의하는 여성들의 시위가 있었다. 또 페미니즘 서적을 읽었다거나 그것에 동조했다는 이유만으로 직장에서 퇴출당하기도 하였다.

75 '강남역 살해 사건'은 바로 이것의 상징이기도 하다.

76 요즈음 남성들이 '미투'에 대응하기 위한 최상의 방책으로 펜스룰이 거론되기도 한다. 펜스룰은 직장 등에서 여성을 회식이나 뒤풀이에 끼워 주지 않거나 여성을 제외한 남성들끼리만 모임을 갖는 것 등으로 확대된다. 여성 배제를 통

둘째 한계, 즉 **혐오 전략이 여성 혐오 내지 여성의 자기혐오로 귀결된다는 딜레마**에 대하여, 워마드는 정체성과 소속감 떨치기로 대응한다. 워마드를 자기 정체성으로 삼지도 말고, 워마드에서 자기 정체성을 가진 지속적 주체로 활동하지 말 것을 주문한다. 그들은 워마드이기도 하고 아니기도 하고 내키는 대로 오고 갈 뿐, 워마드 사이트에 결속감을 갖지 않을 것을 의도하며 익명으로 자유롭게 발언하는 것을 추구한다. '정체성과 소속감 떨치기'는 익명과 마스크쓰기로 드러난다. 온라인에서 익명을 사용할 것과 오프라인에서 마스크 쓰기이다. 마스크 쓰기는 익명으로 활동하는 것과 같은 목적으로 간주되지만, 마스크를 쓸 뿐만 아니라 마스크를 씌우기도 한다. 마스크 쓰고 씌우기는 리더를 만들지 않기 위한 것이다. 목소리 큰 사람이 선도하거나 어젠다를 독점해선 안 되며 누구나 자유로운 발언으로 놀이에 참가하려면 서로 간에도 익명으로 활동해야 한다.[77] 익명을

해 사전에 미투를 방지하는 게 최상의 방책이라는 생각이다. 사회 조직의 중심을 구성하는 것이 대다수 남성이기에 남성은 펜스룰을 사용할 수 있지만, 여성은 펜스룰을 사용할 수 없다.

77 이는 이화여대 시위에서 중앙 집권적 리더를 배제하고 모든 개인이 동등하게 의제를 제안하고 의견을 제시하도록 고안된 '만민공동회' 형태로 나타났던 양상과 유사하다. 이런 양상을 보면, 이화여대 시위 방식이 그 후 여성들의 연대와 시위 방식에 중대한 영향을 준 것으로 보인다.

요구하거나 소속감을 금지하는 또 다른 이유는 자기 검열을 막기 위한 것이다. 이는 메갈리아에서 갈라져 나온 경험을 반영하고 있다. 메갈리아라고 커밍아웃하는 순간, 메갈리아에 대한 이미지 평가와 인정을 받기 위해 자신의 행동을 정당화하거나 눈치를 보게 되고 결과적으로 자유로운 발언을 제약한다는 것이다. 그런 이유로 워마드에 대한 지속적인 정체성과 소속감을 버릴 것을 요구한다.

마찬가지로 자기혐오의 딜레마에 빠지지 않기 위해, 워마드에 결속감을 갖지 말고 워마드로 자신을 정체화하지도 말 것을 당부한다. 그들은 자신들의 행위를 정당화하려고도 하지 말고 자신과 정체성을 워마드와 결부시키지도 말라고 한다. 다만 여성을 억압하고 주눅 들게 만드는 여혐에 대해 그것이 웃기는 일이라고 놀이로 해소하고, 더 이상 남성을 위한 보조자로 살지 말고 자신을 챙기라고 한다. 사실 타자가 아닌 주체로 살라는 것은 오랜 세월 페미니스트가 주장해 온 바이기도 하다. 그러나 워마드는 여성 비하와 여혐을 조장해 온 가부장제의 주역인 남성과 그들의 여혐에 대해 미러링의 방식으로 사회에 경종을 울리고자 한다.

혐오 전략이 갖는 또 하나의 한계는 혐오가 일으키는 도덕과 윤리적 가치의 문제이다, 특히 **'혐오는 정당화될 수 있는**

가?'의 문제이다. 즉 불의를 정당화할 수 없듯이, 혐오를 정당화할 수 없다는 문제이다. 그런데 워마드 놀이터에는 자신들의 행위에 대해 도덕적 정당화를 추구하는 흔적은 보이지 않는다. 오히려 욕먹는 것을 당연시하고 즐긴다. 그들은 무언가를 정당화하려는 순간, 따라야 할 도덕규범을 전제해야 하고[78] 그것이 여성 경험의 자유로운 표현과 반응을 억압한다고 본다. 오히려 그들은 도덕적 문제를 놀이로 해체하려고 한다. 여성 혐오를 경험할 때마다, 그것의 원천인 혐오를 미러링하며 남혐과 '남성패기'로 되돌려줌으로써 여성 혐오의 억압에서 해방되고자 한다. 자신들의 행동을 도덕적으로 정당화하려고 하거나 남에게 인정받으려고 하지 않으며, 오히려 여성 혐오에 대한 자기 경험을 남성 혐오로 미러링할 때 도덕규범을 버리고자 한다.

그러나 이런 방식의 반응에는 하나의 딜레마가 놓여 있다. 워마드의 참가자들은 정말 놀이에만 머무르려는 것일까? 현실의 여성 혐오에 분노하는 그들이 언제까지 현실과 거리를 둘 수 있을까? 사실상 워마드가 놀이와 현실 사이의 경계를 넘나들

---

78 워마드 회원들은 메갈리아와 갈라서게 된 이유 중의 하나로, 메갈리아 운영자의 태도도 이와 유사하다고 생각한다. 그러나 소수자와 약자에 대한 도덕감을 버릴 경우, 어떤 결과를 초래하는지는 여전히 문제로 남는다.

고 있다는 걸 부정하기 어렵다. 또한 놀이로만 간주할 경우 혐오의 감정을 배설하거나 해소하는 것일 뿐 현실의 변화를 꾀하려는 의지가 없다는 한계를 갖는다. 워마드의 의도에 비추어 보면, 이는 사실이 아니기도 하다. 그들은 온라인만이 아니라 오프라인에서의 행동과 영향력을 중요시하기 때문이다. 그런데 놀이를 넘어서 현실의 실천을 추구할 때 윤리적 문제를 간과하기는 어렵다. '우리는 다만 놀이 하는 것에 불과해'라며 책임을 회피하기는 어렵다는 것이다.

2. 놀이와 가벼움의 논리

이 연구를 위해 워마드 사이트를 조회하면서 새롭게 알게 된 점은 그들이 단순히 혐오 발언을 모방하는 데 집중하기보다, 혐오의 미러링을 일종의 놀이로 수행한다는 것이다. 이 놀이는 때때로 여성 억압으로부터 해방과 치유의 효과를 수반한다는 점에서 해방의 놀이로 기능한다. 그들 스스로 '놀이터'를 표방하듯이, 혐오 미러링은 나름대로 일종의 규칙을 따르는 놀이이다.[79]

---

79 Wittgenstein, L.(1953). *Philosophical Investigations*, Basil Blackwell. '게임과 놀이는 규칙을 따르는 활동이다.'

즉 워마드의 담론에 참가하기 위해서, 다른 게임과 마찬가지로 워마드 내의 언어 사용법 혹은 사용 설명서를 익혀야 놀이가 가능하다. 그들은 새로 가입한 회원을 위해 그들이 사용하는 말투를 비롯하여 사용 규칙을 익히도록 돕기도 한다. 미러링 전략은 말 그대로 단순히 거울 이미지가 아니며 수동적이고 기계적으로 반영하는 차원을 넘어선다. 때로는 적극적이고 능동적으로 효과적인 혐오 표현과 발화의 의미를 창조해낸다.

워마드는 자신들의 혐오 전략을 도덕적으로 정당화하려고 하지 않는다. 혐오를 정당화하는 문제를 놀이로 해소시킨다. 놀이의 방식을 취하는 것은 윤리적 정당화와 거리두기이며, 도덕적 엄숙주의의 무게를 가벼움의 논리로 바꾸는 것이다. 가벼움의 논리는 워마드의 정체성과 결속감을 탈피하려는 것에서도 드러난다. 그들은 워마드가 주체와 정체성으로 존재하는 것이 아니라 공기처럼 존재할 것을 요구한다.[80] 그런 점에서 그들은 워마드이기도 하고 아니기도 하며 참가와 이탈이 자유롭고 유

---

80 워마드는 여혐하는 남성들이 주변 여성들을 의식하도록 하거나, 의심의 형태로나마('혹시 내 여친도 메갈이 아닐까?') 자기 검열을 하도록 위협하는 공기 같은 존재로 있어야 한다고 말한다. 여성 혐오가 만연한 것만큼이나, 남혐을 공기처럼 흐르게 하여 주변의 누구에게나 어디서나 혐오 받을 수 있다는 자기 검열과 두려움을 남자에게도 심어주려고 한다.

동적이다. 지나가다 생각나면 들르듯 놀다가 가면 그만이다. 심지어 놀이터를 떠나는 순간 워마드를 잊어버리라고 한다.

워마드는 자신의 행위를 정당화하지 않으려는 점에서는 카뮈의 '양심적 살인자'와 유사하지만, 정당화하지 않으려는 이유는 전혀 다르다. '양심적 살인자'는 자신의 살해 행위가 결코 정당하지 않다는 이유로, 자기 목숨으로 그 대가를 기꺼이 치르고자 하는 자이다. 워마드의 경우 자신의 행위를 도덕적으로 정당화하지 않으려는 이유는 규범이 자신들을 억압하기 때문이다. 그리하여 그들은 어떤 가치를 지키기 위해 자기 목숨을 내거는 양심적 살인자들의 비장함과 무게감을 놀이와 유머로 가볍게 만든다. 지켜야 할 가치의 손상을 '정당화할 수 없다는 것'을 놀이로 해체해 버린다. 때때로 그들에게는 지켜야 할 가치가 무엇인지 일관적으로 보이지 않는다.[81] 하지만 진정으로 '양심적 혐오자'가 짊어져야 할 '양심적 살인자'의 비장함과 무게감을 단지 놀이로 가볍게 해소할 수 있을까? 무고한 자의 폭력과

---

81 남성을 무조건 희화화하거나, 여성이면 무조건 옹호하거나 소수자에 대한 혐오를 서슴지 않는 행위도 이와 무관하지 않다. 예컨대, 여성이기만하면 약자의 권리를 무시하며 갑질하는 여성조차 감싸려고 하거나, 정치적으로 극보수의 입장에 서기도 한다.

혐오에 대해서 어떻게 죄를 갚아야 하는가? 약자라는 이유로 면죄부를 받을 수 있을까? 우리도 약자이고 오랫동안 혐오를 당했다는 것, 왜 우리만 그런 도덕적 짐을 져야 하는지 항변하는 것으로—비록 이해는 할 수 없는 것은 아니지만—책임이 사라지는가? 비록 약자라 할지라도, 더 취약한 상대를 혐오한다면 그것을 정당화할 수 있을까? 더구나 혐오가 기득권을 가진 남성이 아니라 또 다른 약자와 취약 계층—난민이나 성소수자 등—을 겨냥한다면, 이때에도 윤리와 가치의 문제를 간과할 수 있을까? 자신들이 싸우며 지키려는 가치를 스스로 위반하는 것은 아닌가? 언제까지나 윤리의 문제를 놀이로 해소할 수 있을까?

3. 그러나 놀이는 계속될 수 없다

그런데 과연 놀이란 무엇인가? 놀이와 현실의 경계는 어떻게 생기고 사라지는가? 『호모 루덴스』의 저자 요한 하위징아는 놀이를 사회적, 심리적, 종교적, 문명적, 과학적 기능으로 설명하려는 시도들을 비판하면서, 달리 환원할 수 없는 놀이의 독자적이고 독립적 특성을 제시한다. 그는 놀이란 효용성과 합리성의 특성으로 설명되지 않으며, 놀이는 그 자체로 '재미를 추구하는' 독립적인 것임을 강조한다. "놀이의 '재미'는 어떤 범주로도 환원시킬 수 없다. 열광, 몰두, 광분 등 그 자체로 재미를 추구하는 것이 놀이의 본질적 특징이다."[82] 나아가 놀이는 도덕의 역할과도 독립적이다.

> 놀이는 지혜와 어리석음의 대립적 관계, 나아가 진리와 허위, 선과 악 등의 대립관계 바깥에 존재한다. 놀이가 비물질적 활동인 것은 맞지만 그렇다고 도덕적 기능을 가진 것도 아니다. 선과 악의 평가기준은 놀이에 적용되지 않는다.[83]

이 주장은 앞에서 살펴본 혐오 전략의 윤리적 문제에 대한 워마드의 대응 방식과도 상통한다. 즉 워마드는 혐오 미러링을 도덕적 평가 대상이 아닌 일종의 놀이로 수행함으로써 윤리적 책임의 문제를 벗어나는 전략을 취한다. 또한 하위징어는 놀이의 특성으로 시공간적 제약을 제시한다. 그에 따르면 놀이는 그 장소와 시간에 있어서 '일상의 실제' 생활과는 뚜렷하게 구분된다. 놀이는 현실과 일정한 경계를 긋고 특정한 규칙이 지배

---

82 요한 하위징아(1938), 『호모 루덴스』, 이종인 옮김(2010), 연암서가. pp. 34~35.

83 하위징아, p. 41.

하는 시공간에서 이루어진다.[84]

그런데 "놀이는 무엇보다도 자발적 행위이다. 명령에 의한 놀이는 더 이상 놀이가 아니다. 그것은 기껏해야 놀이를 모방한 것에 지나지 않는다."[85] 이는 놀이의 본성이 어떤 효용성을 위한 것이 아니라 그 자체로 '재미를 추구하는 것'이라는 점과도 밀접한 연관을 갖는다. 놀이의 재미는 자발성에서 나오는 것이다. 놀이는 자발적으로 이루어지며, 사회적이든 도덕적이든 결코 의무적으로 수행해야 하는 일이 아니므로, 참여자들은 놀이를 언제라도 그만 둘 수 있고 멈출 수도 있다. 더구나 현실에서 어떤 놀이든 계속될 수는 없으며, 언젠가 끝날 수밖에 없다. 사람들은 현실을 떠난 놀이 공간에서만 살 수는 없기 때문이다.

놀이가 끝나는 계기는 여러 가지 일 수 있다. 자발적으로 놀이를 그만둘 수도 있으며, 놀이의 규칙이 깨어짐으로써 놀이

---

84 하위징아(1938), 놀이의 시공간적 제약에 대해서는 다음을 참고. pp. 46~49. "모든 놀이는 놀이가 벌어지는 공간을 따로 마련한다. 놀이터는 경기장, 카드 테이블, 무대, 마법의 동그라미 등 어떤 형태이든, 특정한 규칙이 지배하는 울타리 쳐진 신성한 장소이다. … 놀이는 '일상적인 현실' 생활에서 벗어나 그 나름의 성향을 가진 일시적 행위 영역으로 들어가는 것이다. … 놀이는 일단 시작되면 적절한 순간에 종료된다."

85 앞 책, p. 43. 놀이의 특성은 자유와 자발성에 있다.

가 끝날 수도 있다.[86] 놀이터의 시공간적 경계가 해체되거나, 현실과 놀이의 경계의 균형이 무너짐으로써 놀이가 끝날 수도 있다. 우리는 워마드 역시 미러링을 놀이로 표방한다는 것을 살펴보았다. 물론 어디까지가 놀이이고 어디까지가 현실을 지시하는 것인지 그 경계는 모호하다. '놀이터'를 표방하지만 워마드의 미러링은 놀이터('XX놀이터'라고 불리는 워마드 사이트)에 국한되지 않고 현실의 변화에도 관심을 갖고 변화를 꾀한다.

워마드는 놀이의 명분을 취함으로써, 혐오 전략에 내재한 많은 문제와 딜레마를 아슬아슬하게 피하거나 비켜갈 수 있었다. 그 점에서 놀이터의 표방은 탁월한 발상임이 분명하다. 워마드 회원(워런)들은 실제로 '워마드-놀이터'에서 미러링을 놀이로 즐기고 있다는 점을 부정하기 어렵다. 미러링에 의한 남성 혐오에 대해서도, 실제의 남성 혐오는 없고 여성 혐오라는 원본으로부터 나오는 혐오를 전시해서 보여 줄 뿐이라고 말한다. 하지만 현실의 변화를 위해 놀이에만 머무를 수 없는 것 또한 사실

---

86 언어를 비롯한 게임과 놀이는 '규칙을 따르는 활동'이라는 것을 비트겐슈타인(1953)은 잘 보여 주고 있다. 하위징아도 이와 유사하게 놀이의 규칙성을 강조한다. "모든 놀이는 규칙을 가지고 있다. 그 규칙은 놀이가 벌어지는 시공간에서 무엇이 '통용되는지' 결정한다. 게임이 이루어지는 동안 게임의 규칙은 절대적인 구속력을 가지며 의심을 허용하지 않는다." p. 49.

이다. 워마드의 놀이도 끝없이 계속될 순 없으며, 놀이는 언젠가 끝나기 마련이다.

　　그러나 놀이가 끝날 즈음, 놀이의 명분 속에 숨어있던 혐오 전략의 문제들이 드러나기 시작할 것이다. 최근 몇 달 사이에 워마드는 놀이에서 이탈하거나 놀이가 끝나가는 징후를 보이고 있다.[87] 무엇보다 워마드의 놀이가 자발성을 잃어가고 있다. 워마드 놀이터의 활동이 더 이상 자발적이라기보다 명령과 평가 등의 규제 대상으로 바뀌고 있다. 자발성은 놀이의 본질이므로, 자유와 자발성이 사라지는 곳에는 놀이도 없다. 실제로 워마드의 놀이가 끝나가면서 혐오 전략의 모순적 현상들이 수면 위로 떠오르고 있다. 가부장제에 대해 혐오 미러링이 향했던 분노와 혐오의 방향이 취약 계층을 향하고 있다. 예컨대, 성소수자 혐오와 난민 반대 등 취약자에 대한 비방과 혐오가 일어나고 있다. 또한 '탈코르셋' 운동에 대해서도 일방적이고 획일적인 방식을

87 　나는 2018년 4월 21일, 한국여성철학회 춘계학술대회에서 「혐오 담론에 대응하는 여성주의 전략의 재검토: 워마드의 혐오 전략을 중심으로」라는 논문을 발표하였다. 이 논문을 준비하고 발표할 당시만 해도 워마드에는 놀이터의 분위기가 강했다면, 최근 몇 달 사이에 놀이의 특성들이 사라지기 시작했다. 어떤 의미에서 워마드의 변모가 시작되었으며 모종의 전환이 이루어지고 있는 것으로 보인다.

강요하며 경직된 사고를 보이고 있다. 탈코르셋을 따르지 않는 여성들을 비난하며 여성들 간에도 분리가 일어나고 있다. 이러한 일련의 사건들을 마주하면서, 이제 워마드는 피할 수 없는 중대한 문제에 직면한다. 즉 '미러링의 놀이가 끝나갈 때, 혐오 전략의 딜레마에 빠지지 않으면서 동시에 현실에 어떻게 대응할 것인가' 라는 진정 중요한 문제가 대두된다. 다음 장에서 워마드의 변화 과정에 비추어 이 문제를 다시 조명해 볼 것이다.

| 7장 |　　워마드의 변모와
　　　　　다양한 스펙트럼

최근 몇 달 사이에 한국 여성주의 운동에는 몇 가지 사건과 더불어 중요한 변화가 이루어지고 있다. 불법 촬영 편파 수사에 항의하며 수만 명의 여성들이 오프라인 광장에서 연대하여 시위를 이어가고 있다.[88] 혐오 미러링을 놀이로 수행하던 워마드의

---

[88] '불편한 용기'가 주최하는 '불법 촬영 편파 수사 및 편파 판결'을 규탄하는 여성들의 시위가 5월부터 현재까지 이어지고 있다. 5월 19일에 1차시위로 시작하여 지금까지 5차 시위(10월 6일)를 진행하였다. '불편한 용기'는 〈제5차 편파 판결, 규탄시위 성명서〉를 발표했는데, 성명서는 사법부와 입법부, 행정부를 향해 여성 혐오 범죄에 대해 올바른 인식이 결여되거나 공정하게 대처하지 못하는 문제들을 지적하며 규탄하였다. '사법부는 남성 성 범죄자에게 면죄부를 주기를 그치고 불법 촬영 범죄를 둘러싼 모든 범죄 행위에 대한 공정한 판단으로 사회에 만연한 여성 혐오 범죄를 단죄하라. … 입법부는 여성 혐오 관련법의 징벌적 처분을 강화하는 법률을 제정하여 여성대상 범죄가 중범죄임을 인지할 수 있도록 사회적 인식을 바꿀 의무가 있다. … 대한민국 정부는 여성들의 목소리

기조도 변하고 있다. 지금으로부터 5~6개월 전과 비교해도 많은 변화가 있었다. 남성을 배척하고 생물학적 여성들만을 챙기던, 동시에 여성이면 모두 감싸고 보호하던 워마드가 여성들 간에 계급을 나누며 분리주의적으로 나아가고 있다. 기득권 남성만을 향하던 혐오 미러링이 사회의 약자와 소수자를 혐오하고 비방하는 것으로 변하고 있다. 또한 성체 훼손 사건을 비롯하여, 성당 방화와 남아 납치의 범죄를 예고하는 등 더욱 과격하고 급진적인 성향을 보이고 있다. 이제 워마드는 더 이상 놀이에 머무르거나 가벼움의 논리나 하나의 특정 논리를 따르지 않는 듯하다. 여성 차별과 여혐에 대한 미러링과 호소에도 달라지지 않는 사회를 향한 분노로 더욱 과격해지고 있다. 이와 동시에 차별에 저항하는 여성들의 목소리가 온라인을 넘어서 오프라인으로 확산되고 있다. 여성을 출산 도구로 보는 낙태 담론이나 출산 정책에 대해서도 '여성도 인간이다'라고 항의하고, 여성 차별을 묵과하는 정부를 향해 '여성에게 국가란 없다'는 등의 분노를 표현하며 거리로 나서고 있다. 물론 이들이 모두 워마드 회원이라고 볼 수는 없으나, 워마드가 주도했던 미러링 용어와 탈코르셋 운

가 어떤 맥락에서 제기되는지 … 여성 의제에 대한 문제의 본질을 정확하게 파악하고 대처하라.'

동이 나타나거나 여성들만의 시위, 운동권 단체와 연합하지 않기, 친목과 사적인 담화 금지, 마스크쓰기(익명성) 등의 방식은 SNS와 광장의 연대방식에 부분적으로 녹아들어 있다. 그런 점에서 워마드가 여성들의 정치적 운동과 한국 페미니즘의 흐름에 중요한 영향을 미친 점을 부정하기 어렵다.

　　이제 워마드는 특정 실체라기보다는 여기저기 현상으로 나타난다.[89] 그 현상은 어느 것이 먼저인지 영향을 주고받은 선후 관계는 정확히 알기 어려우나 이화여대 시위에서, '불편한 용기'가 주최하는 광장의 시위에서, 또 촛불 시위에서도 드러난다. 경찰 차량에 포스트잇을 붙이던 시민들의 촛불 시위 광경에서 강남역 10번 출구의 추모 시위가 연상된다. 심지어 국회에서 야당 의원들이 항의 문구를 적은 A4 용지를 드는 피켓 시위에서도 워마드의 저항 방식의 이미지가 중첩된다. 또한 여성 차별이나 여성 혐오에 저항하는 언어들, 예컨대, '독박 육아'라는 표현은[90]

89　온라인에서도 워마드 회원들은 지정 사이트에서 활동하기보다는, 트위터. 페이스북, 인스타그램, 카페 등 여기저기 출현하며 활동한다. 워마드의 경계는 불분명하며 더 이상 고정적이지 않다. 이제 누가 워마드이고 아닌지 구분하기란 쉽지 않으며, 그 구분조차 의미가 없을지 모른다. 워마드 유저의 집합으로서 실체란 더 이상 존재하지 않기 때문이다.

90　'독박육아'라는 표현의 창안은 육아가 당연히 여성의 몫이 아니라, 여성 차

페미니즘과 무관한 매스컴이나 SNS에서도 사용되는 등 안정적으로 의미를 찾아가고 있다. 이는 언어 수행의 효과가 부분적으로나마 성공했음을 보여 준다. 이처럼 워마드의 이미지가 곳곳에 광범위하게 스며들어 있는 것이 놀라울 정도이다.

　이제 워마드 현상에서 한 가지 목소리를 찾긴 어려우며 하나의 흐름으로 설명하기도 어렵다. 여기에는 다양한 층위의 목소리와 입장들이 복합적으로 섞여 있다. 워마드의 놀이가 끝나가면서 워마드 내부에서 일어나는 분리와 긴장과 모순들이 분출되고 있으며, 동시에 워마드 자체도 변모를 거듭하고 있다. 워마드는 살아있는 유기체에 가깝다. 여성 혐오에 대한 분노와 미러링으로 사회에 반향을 일으키며 성장한 워마드는 전략과 입장을 바꿔가며, 때로는 무리하게 시행착오도 거치며, 지속적으로 변모하고 있다. 여성주의 역사에서 페미니즘의 종류가 다양했듯이, 어쩌면 워마드 내에서도 다양한 입장들이 공존할 것

별적 젠더 체계가 요구하는 '부당한 성역할 분담'이라는 반항의 표현인 동시에 이런 방식으로는 출산하지 않겠다는 선언이다. 그런 의미에서, 출산율 저하 문제는 근본적으로 얼마간의 양육비 지원으로 해결될 일이 아니라, 여성을 '맘충'으로 만들고 여성에게 '독박 육아'를 강요하는 가부장제 젠더 체계와 사회구조를 변혁하는 것이 문제 해결의 핵심이다. 또한 이런 맥락에서 여성들의 비혼, 비출산, 비연애 선언은 성차별적인 젠더 체계에 대한, 그리하여 차별적인 여성 혐오 사회에 대한 여성들의 저항이자 일종의 보이콧으로 간주된다.

이며, 워마드 내의 혐오 전략의 스펙트럼도 과격하고 급진적인 것부터 온건하거나 완화된 형태에 이르기까지 다양하리라고 생각된다. 이런 다양성은 어떤 질서를 갖게 될 수도 있고 변화를 위한 임계점에 이를 수도 있을 것이다. 혹은 어떤 변화를 취하는지에 따라 여성들의 유입과 이탈이 이루어지며 재편성될 수도 있을 것이다.

워마드의 변모를 보면, 긍정적인 현상과 부정적인 현상의 양면성이 공존한다는 것을 알 수 있다. 이 시점에서 워마드의 변화과정에서 새롭게 드러나는 긍정적 측면과 부정적 측면을 짚어볼 필요가 있다.

먼저 **긍정적 변모**를 살펴보자. 가장 고무적인 현상은 온라인에서 형성된 여성들의 결집력이 여성 혐오에 대한 자각과 깨달음에서 오는 역량 강화를 바탕으로[91] 오프라인 광장에서 실천과 연대의 힘으로 나타나고 있다는 점이다. 온라인상에서 이루어지는 활동 내지 미러링의 한계를 깨닫고 현실의 제도적 힘의 중요성을 자각한 여성들이 법과 제도의 개선을 위한 실천에 동참하기 시작했다. 예컨대, 미투 사건에 대한 법원의 판결을 지

---

[91] 워마드의 미러링 효과 중의 하나는 여성들의 각성과 치유와 역량 강화라는 것을 4장에서 살펴보았다.

켜보면서, 남성이 절대 다수인 사법부에서 여성의 관점이 소외되고 남성의 관점을 대변하는 법원 판결을 보며, 법적 제도와 정치 권력 등에서 "남성과 동수의 여성 권력"이 필요하다는 것을 깨닫게 되었다.[92] 정치 사회의 권력 기관에서 남성이 절대 다수이고 그 결과 남성의 관점이 대세를 형성하는 현실을 바꾸기 위해서 '여성도 남성과 동등한 권력을 가져야 한다'는 생각에 이른 것이다. 여성 차별을 해소하기 위해 제도적 개선이 필요함은 물론이고, 바로 그 제도 속에 실제로 여성들이 주체로 참여하고 여성도 남성만큼 영향력/권력을 갖는 것이 중요하다는 것을 자각한 것이다. 이런 자각이 법과 제도의 변화와 개선을 위한 여성들의 연대를 끌어냈으며 앞으로 여성들의 연대로 이어지리라는 점은 긍정적이다. 이는 놀이가 끝났지만 놀이로부터 현실을 변화시킬 동력을 얻었다는 것을 함축한다. 동시에 이런 흐름 안에서 워마드를 넘어서는 더욱 확장된 페미니즘의 실천과 연대 가

---

92 성차별 해소를 위한 개헌여성행동이 8월 6일 여의도 국회 앞에서 '10차 헌법 개정과 남녀 동수 개헌 촉구를 위한 300인 선언' 기자 회견을 열고 각 정당을 향해 행진하였다. 남성 중심 사회 구조에서는 아무리 저항해도 안 되며, 여성 운동의 방향은 여성이 정치 권력을 갖는 것 '남녀 동수의 권력 구조'가 답이라고 보았다. 여성신문(2018. 8. 15), 〈'문제는 법 · 제도···여성이 정치 권력 가져야' 여성 운동의 방향은?〉

능성을 찾을 수 있다는 점에서 긍정적이다.

또 다른 긍정적 측면은 여성 자신의 경험을 표현할 언어를 찾았다는 것이다. 원래 미러링은 혐오에 초점을 둔 것이라기보다 언어의 발랄하고 창의적인 기호놀이에서 시작된다. 미러링을 통해 언어의 힘을 인지하게 되면서 여성 자신의 경험을 대변해 줄 언어 표현들이 생성되고, 언어적 투쟁을 통해 여성들이 자신의 입장을 발언할 수 있는 일정한 언어를 획득하였다는 점이다. 여성을 규정해 온 남성이나 전문가보다 자신의 경험에 근거하여 비판과 발언을 할 수 있는 자신감도 얻게 되었다. 나아가 이는 청소년 페미의 등장에 기여했으며 그들에게 동참의 길을 열어 주었다. 초등학생부터 중고교생에 이르기까지 학교에서 알게 모르게 교육자에 의해, 또는 남학생들에 의해 이루어진 성폭력과 성희롱 등 성적 차별과 혐오에 시달리고 있다는 것을 말할 수 있는 언어를 획득했다는 것이다.[93] '그런 언어를 알지 못했을 때에는, 무언가 불쾌했지만 그게 성희롱이라는 것을 몰랐다.'는 고백들이 나오기도 했다. 이를 통해 '스쿨 미투' 발언이 시작되었다. 또한 초등학생조차 화장을 해야 한다는 강박을 심어 주

---

[93] 경향신문(2018. 7. 16), 〈성차별 문화에 할 말 있어요! '스쿨미투'로 소리내는 '2000년생 페미니스트〉, 노도현 기자.

었던 여혐의 학교 분위기에 맞서 청소년 화장을 거부하는 탈코르셋 운동에 이르기까지 성차별에 대한 청소년 세대의 의식을 일깨우는 계기가 되었다. 나아가 딸 세대에까지 여성 혐오를 대물림하지 않겠다는 신세대 부모의 지지와 동참을 이끌어냈다.

부정적 측면도 만만치 않다. 앞에서 논의했듯이, 놀이가 끝나자 염려했던 혐오 전략의 자기모순이 점차 드러나면서 부정적인 현상들이 나타나고 있다. 즉 여성 내 분리와 계급 형성, 탈코르셋에 대한 일방적 규제, 소수자와 난민 혐오, 놀이의 자율성 대신 일방적 규제와 명령으로 바뀌고 있다. 애초에 남성을 배제하고 생물학적 여성만을 챙기던 워마드는 이제 여성 전체를 챙기기보다 탈코르셋을 지키는 '자격 있는' 여성만 함께 하겠다는 입장으로 선회하고 있다. 자격 있는 여성을 가리기 위해, 여성들 사이에서 상급 페미와 하급 페미, 혹은 진짜 페미와 가짜 페미를 나누며 분리주의적으로 나아가고 있다. 상급 페미와 하급 페미의 구분은 탈코르셋에 관한 규제를 지키는 자와 그렇지 않은 자의 구분에 근거한다. '무엇이 진정한 탈코르셋인지' 규정하고 이를 지키지 않는 여성은 하급 페미로 강등된다. 예컨대 짧은 머리, 바지입기, 화장 않기, 장신구 하지 않기, 꽃 그리지 않기 … 등의 기준을 요구한다. 이러한 경향은 리더를 만들지 않고 자율적이고 탈중심 탈권위적으로 움직이는 넷페미의 특성과 반대로 흘러감을 알 수 있다. 이렇듯 워마드는 이제 여성 전체를 챙기기보다 여성들을 검열하면서 탈코르셋을 이룬 '자격 있는' 여성만 챙기겠다는 것으로 바뀐 듯하다.

여성을 차별하고 억압해 온 여혐으로부터 해방을 부르짖던 워마드가 '바람직한' 여성성을 규정하고 그것을 지향하며 탈코르셋의 규범들을 만들어나가고 있는 것은 아이러니하다. 획일적으로 탈코르셋의 규범들을 정한 후 따를 것을 요구하고 이에 따라 여성의 등급을 매기는 것은 여성에 대한 또 다른 종류의 억압이기 때문이다. 워마드 기준의 탈코르셋을 하지 않는 여성을 '하급 페미'와 '가짜 페미'로 낙인찍고 비난하는 것은 또 하나의 억압과 차별이 될 것이다. '전체 여성 챙기기'에서 여성 내 상하급 페미로의 분리는 '진정한' 여성성 및 탈코르셋에 대한 획일적이고 일방적 규제를 동반하며 워마드는 경직되어가고 있다. 또한 여성들을 가르고 검열하거나 비난함으로써 여성 사이에 분열을 일으키기도 한다. 때로는 자신들의 주장을 강화하기 위해 수단을 가리지 않기도 한다. 심지어 거짓 뉴스까지 동원되기도 한다. 예컨대, 난민 수용에 반대하기 위해 사실이 아닌 것에 근거하거나 가짜 뉴스를 생산하기도 한다. 난민 혐오의 문제와 관련하여 취약자를 배제하고 차별하는 혐오의 논리가 함께 모순을 드러내고 있다.

　이처럼 모든 여성을 보호하고 옹호하던 워마드가 여성 간에 계급을 나누고, 여성 억압에서 벗어나려는 '탈코르셋' 운동이—여성성에 대한 사고를 독점하면서—여성을 규제하려는 또 다른 형태의 억압으로 변형되고 있다. 근래 워마드의 변화 중에서, 특히 상 하급 페미의 계급화와 상급 페미에 의한 명령과 가치 평가가 이루어진다는 것은 워마드가 놀이에서 벗어났다는 것, 놀이가 끝났다는 것을 보여 주는 대표적 징후이다. 놀이는 자율과 자발성을 특징으로 하며, 명령과 의무로 인한 활동은 더 이상 놀이가 아니기 때문이다. 놀이는 자율에 의해 이루어진다는 것이 본성이듯이, 명령과 평가는 놀이에서 벗어나 놀이를 종료시킨다.[94]

---

[94] 워마드의 놀이가 끝나가거나, 혹은 놀이를 끝내는 요인에 대한 분석도 필요하다. '상식'을 넘어서는 과격한 혐오 발언 때문에 사회적 지지를 받지 못하는 외적 요인도 있으나, 자체적으로 미러링 놀이의 한계를 인식하는 내적 요인도 함께 작용한다. 즉 '김치녀' 같은 여혐 표현이 여성들에게 더 이상 위협이 되지 않듯이, 미러링의 표현 자체도 처음만큼 효과를 갖지 못하는 지점에 도달했다는 것이다. 이제는 미러링 신어가 아무리 과격하고 강력해도 사회에 충격을 주거나 남성들을 각성시키는 예전의 효과를 내지 못한다. 더욱이 놀이는 현실에 아무런 위협을 주지 않기 때문에, 미러링이 오히려 남자들의 놀이감으로 전락했다는 평가도 보인다. 동시에 놀이만으로는 가부장제 현실을 바꿀 수 없다는 인식이 싹트고 있다.

그러면 놀이가 끝나면서 워마드는 그 소임을 다했는가? 그렇다는 주장과 그렇지 않다는 주장 두 가지 생각이 공존한다.[95] 이제 놀이가 끝나면서 부정적 현상들이 복합적으로 일어나고 있음에도 불구하고, 워마드의 시효가 끝났다고 단정하기는 어렵다. 사실상 워마드는 지금도 끊임없이 변모하고 있으며 앞으로도 그럴 것이기 때문이다. 오히려 워마드는 하나의 고정된 실체라기보다 여기저기 스며들어 있는 현상으로 다양한 변화에 열려 있다. 비록 때때로 자기모순을 범하거나 딜레마에 빠질지라도 보다 나은 실천 방식을 만들어내기 위해 토론하고 다양한 시도를 통해 이런 모순을 벗어나는 새로운 길을 찾을 수도 있다.

---

95 워마드의 역할을 인정하는 사람들 사이에서도, 이제는 워마드를 더 이상 지지하지 않거나 그 시효가 끝났다고 보는 사람도 많다. 워마드의 시효가 끝났다는 근거는 주로 다음 세 가지이다. (1) 혐오 미러링의 역할은 충분히 보여 주었으므로 페미니즘의 미래를 위한 다른 전략을 찾아야 한다. (2) 워마드의 혐오 미러링이 도를 넘었으며 이미 반사회적 현상이 되었다. (3) 워마드가 자기모순을 드러냈으므로 더 이상 유지되기 어렵다. 다른 한편 여성주의 역사에서 워마드 보다 더 나은 전략을 찾을 수 없다는 점에서 여전히 유효하다는 입장도 공존한다.

| 8장 | 해결 방향과 대책:
어디로 향할 것인가?

과격한 혐오 미러링에 대해 반사회적이라는 비난과 평가에도 불구하고, 워마드가 여성 차별과 여성 혐오의 문제를 최대의 사회적 이슈로 부각시켰다는 점을 부정하기는 어렵다. 사실상 이전의 어떤 페미니즘도 한국 사회에서 여성주의 문제를 사회 전면에 등장시킨 유래가 없다는 점에서도 워마드 현상은 특별한 것이다. 워마드 현상 이후, 사회인식의 변화와 함께 여성들의 사고방식과 행동 방식도 변하고 있다. 광장에서는 여성 차별에 저항하는 많은 여성들의 연대가 이어지고 있다. 이 거대한 흐름 속에는 워마드의 이미지와 목소리도 들어있다. 미러링의 놀이를 통해 얻은 각성의 힘은 놀이가 끝난 이후에도 서로를 이어 주는 공감대를 형성함으로써 오프라인에서도 지속적으로 연대하는 토대가 되고 있다. 워마드는 놀이가 끝나면서 자기모순과 부정적인 현상을 드러내고 있음에도 불구하고, 현실의 연대를 이어 나갈 놀이 공동체의 결속감을 상실하지 않았다는 것에 주목하게 된다.『호모 루덴스』의 저자인 하위징아는 놀이 공동체의 중요한 특성을 다음과 같이 지적한 바가 있다.

> 놀이 공동체는 게임이 끝난 후에도 항구적인 조직이 되는 경향이 있다. 물론 … 모든 게임이 클럽의 구성으로 이어지지는 않는다. 하지만 어떤 예외적인 상황 하에 '떨어져 있으면서 함께 있다'는 느낌, 중요한 어떤 것을 함께 나눈다는 느낌, 세상에서 벗어나 통상적인 규범을 일시적으로 거부한다는 느낌 등은 어느 한 게임이 끝난 뒤에도 지속되는 것이다.[96]

앞에서 보았듯이, 놀이는 계속될 수 없으며 언젠가 끝나기 마련이다. 하지만 놀이가 끝났더라도 놀이공동체가 바로 사라지는 것은 아니며, 결속감이 남아 있는 한 공동체는 유지될 수 있다. 물론 모든 놀이가 공동체를 구성할 수 있는 참가자들의 결속감을 만들어 주는 것은 아니다. 놀이가 끝난 후에도 놀이 공동체의 연결과 결속을 유지시켜 주는 것은 무엇인가? 놀이가 효용

---

96 하위징아, p. 51.

성을 추구하는 것이 아니라 재미 자체를 추구하는 것이라면, 놀이 공동체의 결속력은 놀이에 참가했던 사람들이 함께 즐기며 나누었던 경험과 그 경험에서 얻은 긍정적 느낌/힘을 기억하고 있기 때문일 것이다. 참가자들이 놀이를 통해 함께 나누었던 긍정적 경험이 놀이가 끝나 현실로 돌아온 이후에도 그들을 이어 주는 결속력을 제공할 때, 놀이 공동체의 연대감은 지속될 수 있다.

그러면 워마드의 미러링 놀이도 그런 역할을 할 것인가? 아마도 그럴 수 있을 것이다. 워마드가 단지 '한바탕의 소란'으로 치부되어 사라져버린다면 여성주의로서도 큰 자산을 잃는 것이다. 놀이 이후를 기대하게 되는 까닭이다. 워마드 회원들은 온라인 놀이터에서 여성 혐오에 대해 미러링 놀이를 함으로써, 여성 차별이 얼마나 심각한지 자각할 수 있었고, 또한 차별적 여성 혐오에 대해 분노하며 가부장제 성차별적 규범을 일시적으로나마 거부하고 조롱했던 놀이의 경험을 공유하였다. 그러한 놀이를 통해 억압을 해소함으로써 우울증을 치유하거나 해방을 느끼는 등의 강한 공감과 동질감을 함께 경험할 수 있었다. 경험이 강렬했던 만큼, 놀이 공동체의 결속감은 현실의 연대와 운동으로 이어질 수 있을 것으로 보인다. 심지어 워마드에 실망하여 떠난 회원들조차도 공감하는 이슈에 대해서는 함께 연대할 수 있다는 생각을 가지고 있다. 그렇다면 이들은 워마드 놀이터를 떠났더라도, 어쩌면 놀이터가 문을 닫더라도, 어떤 면에서 연결되어 있다. 여기서 나눈 놀이의 긍정적 경험은 공동체의 결속감을 유지시켜 주는 힘이 될 것이다.[97]

그렇다면 워마드의 놀이가 끝나가지만, 여성주의 이슈가 있을 때마다 어떤 목소리를 낼 것인지, 어떤 행동을 취하며 어디로 향할 것인지 방향을 모색하며 연대할 수 있을 것이다. 여성 혐오에 두려움과 분노로 맞서던 여성들이 함께 공감하고 나누었던 실천의 수행에서 오는 결속감이 남아 있는 한, 여성주의 운동이 제 방향을 찾을 때 다시 결집할 수 있는 연대의 가능성이 남아있다. 그런 점에서 놀이가 끝난 이후, 놀이 공간을 넘어서 현실의 연대가 어떤 방향을 찾아갈 것인지가 더 중요할 수 있다. 나는 이러한 연대가 여성주의 가치를 실천하고 달성하기 위한 긍정적 에너지가 되기를 기대한다.

마지막으로 여성 혐오에 대응하는 여성주의 방향을 모색함에 있어서 몇 가지 생각을 제안하고자 한다. 첫째, 더 이상 미러링의 놀이에만 머무를 수 없다면, 여성들의 목소리도 혐오

---

97 그런 점에서 혐오 전략의 딜레마와 한계에도 불구하고, 워마드 현상은 새로운 페미니즘의 활로를 위한 실천의 동력을 만들어냈다고 평가할 수 있다.

의 언어에서 정치적 언어로 바뀔 필요가 있다. 미러링에서 보였던 증오와 혐오의 언어는 동등한 인권을 지향하는 정치적 언어로 바뀌어야 할 것이다. 그런 점에서 최근 여성들이 오프라인 연대를 통해 법과 제도의 개선을 위한 운동으로 방향을 재정립한 것은 고무적이라고 할 수 있다. 그리고 정치적 언어를 사용할 때는, 법과 제도의 개선을 위해 실천할 수 있는 현실감각이 요구될 것이다. 물론 책임감도 따를 것이다. 미러링을 책임 회피를 위한 변명이나 수단으로 사용하기를 멈춰야 할 것이다.[98] 이러한 실천과 수행을 통해서 현실은 점차 변화할 것이고 이 사회의 젠더 체계의 구조도 조금씩 바뀔 것이라는 희망을 가질 수 있다.

둘째는 교육의 문제이다. 헌법에 보장된 남녀 차별 없는 동등한 인권 사상을 존중하고 이해하는 것으로부터 시작하여 페미니즘의 정신이 무엇이며 어떤 목표를 추구하느냐는 문제에 대한 교육이 필요하다. 이 문제는 장기적 문제인 동시에 시급한 문

---

[98] 워마드에서 일부 악성 유저가 미러링을 자신의 법적 책임을 회피하기 위한 수단으로 삼는 것을 '분탕/분탕질'이라고 한다. 이는 의도된 미러링을 통해 사회의 시각을 변화시키려는 대다수의 노력에 먹칠하는 행위로서, 워마드 회원들 내에서도 용인받지 못한다. 예를 들어 이순신 장군에 대한 악의적인 한남드립의 경우, 유관순 열사에 대한 김치녀 드립을 미러링하려고 했다고 주장했으나 해당 커뮤니티에 그런 의견이 없었거나 외면 받는 극소수 의견이었다.

제이기도 하다. 특히 한국의 어린이들은 이른 시기에 스마트폰을 사용하면서 어릴 적부터 SNS와 동영상 등에 등장하는 여성혐오 발언과 영상들에 쉽게 노출되고 있다. 일상에서 여성 차별과 여혐 문화가 반성 없이 수용되거나 잘못된 성 관념을 형성하게 되는 부작용을 해소할 교육이 필요하다. 청소년 페미가 등장했지만 성평등과 페미니즘 교육을 받을 기회가 달리 없다는 것도 아쉬운 점이다. 차별적인 여성 혐오의 부당함을 제기하고 양성평등을 지향하는 교육은 학생들만이 아니라 성인들과 학생들을 가르치는 일선의 교육자에게도 필요하다. 페미니즘이 남녀대결의 문제가 아니라는 것을 이해하는 것 역시 중요한 일이다.[99]

다음으로 성평등을 보장하기 위해 법과 제도의 개선만이 아니라 평등한 법의 제정과 집행을 위한 젠더 수행이 필요하다. 젠더 정체성이 이미 주어진 것이 아니라 행위와 실천을 통해형성된다는 점에서 수행적이라면,[100] 나는 법의 영역에서도 젠

---

[99] 여성 차별/여성 혐오를 해결하기 위한 주요대책 중의 하나로 교육의 중요성을 많이 언급하고 있다.(부록의 설문 5 참고)

[100] 버틀러(1990)에 의하면, 젠더는 언제나 행위이며 수행적이다. 젠더는 수행을 통해, 수행적으로 구성된다. 젠더는 행위 이전에 선행하는 주체가 아니라, 오히려 젠더는 표현되고 수행됨으로써 그 결과 그것이 바로 주체를 구성한다는 의미에서 젠더는 수행적이다. 김선희(2012a), p. 163.

더의 수행성을 이야기하고 실천할 수 있어야 한다고 본다. 이를 "젠더 정체성의 법적 수행"이라고 부를 수 있다.[101] 우리 헌법은 제11조에서 '모든 국민은 법 앞에 평등하며, 성별에 의해 모든 영역에서 차별받지 않는다.'라고 기술하며 남녀 평등을 보장하고 있다. 그럼에도 불구하고, 법의 제정 및 집행과 관련한 법 추론, 법의식, 법 감정 등에서 어떤 관점의 해석을 취하느냐에 따라 차별이 일어날 수도 있다. 이는 법을 적용하고 해석하는 과정에서 양성평등에 관한 '젠더 감수성(혹은 성인지 감수성)'이 떨어진다면 여전히 편향된 판결에 도달할 수 있다는 것을 함축한다.[102]

---

101 김선희(2012b). 「여성의 범주와 젠더 정체성의 법적 수행」, 『이화젠더법학』 제4권 제2호, pp. 1~21. '젠더 정체성의 법적 수행'에 관한 논의는 이 논문에서 자세히 다루고 있다.

102 앞 글, pp. 16~18. 이는 '근대적 주체의 중립성'이라는 신화가 더 이상 유지되기 어렵다는 것을 상기할 때, 여성들의 경험에서 나온 법의식이나 법 감정을 무시한다면 법의 집행과 판결에서 혹은 사법부의 유권해석에서 성차별이 일어날 수 있다는 것을 함축한다. 법원의 판결을 보면, 법 적용의 관행이 남성의 시각에서 해석되고 수행되어 왔음을 보여 주는 사례들이 많다. 예컨대 성폭력을 규정함에 있어서 여성의 거부를 거부로 간주하지 않는 법해석은, 여성의 발언에 신빙성을 두지 않거나 남성 관점을 우선시하는 해석이다.

* 이 문제와 관련하여 최근 대법원에서 '성인지 감수성'이라는 용어를 적시하며 성희롱 사건에 대한 법원의 심리기준을 제시한 것은 상당히 고무적이다.[대법원 2018. 4. 12.선고 2017두74702 판결]

그렇다면 법의 제정과 개정 및 적용과 해석을 위한 여성 관점의 내러티브를 활성화하는 것이 필요하다. 여성의 관점에서 법을 해석하고 이야기한다는 것은 여성 자신의 경험에 비추어 법의 의미가 무엇이며 무엇이어야 하는지를 보여 주는 것이라는 점에서 일종의 정치적 활동이자 법적 수행이다. 또한 여성들 스스로 법적 제도 안에서 영향력을 가질 수 있는 행위 주체가 되는 것이 중요하다. 여성의 관점에서 말하고 해석할 때는, 집단 간에(혹은 남녀 간에) 당파성을 띠거나 대립을 낳는 구도가 아니라, 억압받고 소외된 소수자의 목소리를 존중하고 포용하는 해방의 맥락에서 이야기를 구성하는 것이 중요하다. 그럴 경우 여성들의 내러티브는 남녀 대결의 문제가 아니라, 소외된 자들의 다양한 목소리에 귀 기울임으로써 상호 공감과 유대감을 증진시키는 것이 하나의 의무로 수용되는 공동체의 내러티브로 기능할 수 있다.

이와 같이 여성 차별/여성 혐오를 해결하고 극복하기 위한 노력과 실천은 여러 영역에서 계속되어야 하겠지만, 여성들의 목소리와 행동에 대한 사회의 진정성 있는 응답 또한 요구된다. 여성들은 불법 촬영에 대한 편파적 수사와 판결의 관행을 보면서, 사회에 만연한 여성 차별적 혐오만이 아니라, 법적 제도에서도 여성 차별을 직시하고 분노하며 다시 묻고 있다.[103] '여성에게 국가는 무엇인가? 여성은 과연 공동체의 동료인가? 여성에게도 국민으로서 동등한 인권과 기본권을 보장하고 있는가?' 이렇게 묻는 여성들을 비난하기 이전에, 오랫동안 자행된 여성 차별-여성 혐오에 저항하는 여성들의 목소리에 법과 제도와 인식의 개선으로 사회가 답해야 할 차례이다. 여성 혐오에 대한 여성들의 고통과 두려움을 이해하고, 왜 유독 차별적 혐오가 여성을 향하고 있는지에 대해 사회가 답을 내놓아야 할 차례이다.

---

103 '불편한 용기'의 〈제5차 편파판결, 불법촬영 규탄시위 성명서〉는 시위의 목적을 '여성의 동등한 권리와 헌법이 정한 기본권 보장'이라고 분명히 명시하고 있다. 즉 '대한민국 헌법 11조에 의하면, 모든 국민은 법 앞에 평등하며 성별에 의해 모든 영역에서 차별받지 않는다. … 우리는 단지 국민으로서 기본권을 보장받고자 한다.' 그리고 사법부, 입법부, 행정/정부에 대해 여성 차별을 제도적으로 교정할 것을 요구하며 규탄하였다. 언론은 여성들만의 시위라는 점을 내세워 남녀 성대결을 부각시키거나 일부 일탈적인 행태를 가시화하기보다, 여성 차별/여성 혐오에 저항하는 여성의 목소리와 여성 연대의 목적을 분명하게 전달해야 할 것이다. 그리고 국가는 가부장제 젠더 프레임에서 벗어나 여성들의 목소리를 편견 없이 경청하면서 여성들의 진의가 무엇인지 정확하게 파악하고 응답하려는 노력을 지속해야 할 것이다.

| 닫는글 |

이 책은 한국 페미니즘의 역사에 등장한 생경하고 낯선 여성들,
가부장 사회가 용인하는 여성들과는 사뭇 다른 모습을 보이는
여성들, 그런 의미에서 소수자 중의 소수자의 목소리를 경청하
려는 시도에서 출발하였다. 그 목표는 한국 사회 공동체를 향해
'우리는 국민이 아닌가? 우리에게 동등한 인권이 있는가?'라는
물음을 던지고 있는 낯선 이들의 목소리를 이해하기 위한 것이
다. 이들의 낯선 목소리를 이해하는 것에서 같은 시대를 살아가
는 한국 사회 공동체의 제반 문제와 그에 대한 해결의 실마리를
찾아야 한다고 생각하기 때문이다. 미러링이라는 이름으로, 여
성들은 자신들이 받은 차별과 혐오를 생경한 장면으로 나열하
기 시작했다. '자연스러운 것'으로 여겨졌던 여성 차별적 혐오가
차마 들여다보기 힘들 정도의 날 것들로 드러난 순간, 사회 전체

가 경악에 빠졌다. 반응은 다양했다. 위화감, 모욕감, 혐오감, 증오, 분노, 자성, 각성, 해방감, 놀라움 … 등이 소용돌이치며 우리 사회에 논란을 불러일으켰다.

미러링은 남성을 향한 것이었으나 각성이 일어난 것은 여성이었다. 많은 여성들은 자신이 일상에서 받아 온 차별과 혐오가 가볍게 넘기거나 별거 아니라는 기존의 생각과 달리 얼마나 심각한 것이고 광범위하며 구조적인 것인지 깨닫게 되었다. 차별적인 여성 혐오의 진상이 속속 드러난 것이다. 이에 대한 여성들의 각성과 자각은 차별적 사회 구조에 저항하는 실천과 연대로 이어지고 있다.

미러링을 통한 여성들의 혐오 표현 이면에는 우리가 이해해야 할 여성들의 목소리와 이야기가 들어 있다. 그것은 이 사회의 견고한 가부장제 젠더 체계에 맞서는 여성들의 이야기, 여성들 스스로 각성해 나가며 억압으로부터 해방되거나 치유하는 과정의 이야기, 동시에 그 과정에서 실수와 딜레마와 자기모순에 빠지기도 하는 여성들의 이야기, 그 속에서도 길을 찾기 위해 고군분투하는 여성들의 이야기, 여성 차별에 분노하며 법과 제도를 개혁하기 위해 온라인에서 오프라인 광장으로 걸어 나온 여성들의 이야기이다. 동시에 이들은 차별적 여성 혐오에 저항하는 목소리에 제대로 귀 기울이지 않거나 응답이 없는 사회와 제도에 대해 분노와 좌절을 경험하고 있다. 변하지 않는 현실과 오히려 거세게 반격하는 힘 앞에서 회의와 분노가 일어나고 있다.

그래도 우리는 희망을 말할 수 있을까? 페미니즘의 정신은 무엇인가? 부당한 성차별을 해소하는 것인 동시에, 성별, 인종, 계급, 성적 지향이 달라도 차별 없는 세상으로 나아가는 것이다. 성차별 없는 세상은 요원한 것인가? 과거를 돌아보면 분명 성평등은 조금씩 나아져 왔고 나아지고 있다. 조금 더디지만, 우리는 앞으로 더 나아질 것이라는 희망을 잃지 말아야 한다. 이 희망이 우리를 좌절에서 일으켜 세울 것이다. 페미니즘 운동은 이 세대에서 끝나지 않을 것이며, 어쩌면 앞으로도 수많은 세대에 걸쳐 계속되어야 할 것이다. 그렇기에 이 운동이 다음 세대로 이어지기 위해서라도 우리는 희망을 잃지 말아야 한다. 때로는 공포와 좌절이 거듭되더라도 서로 치유하고 서로 용기를 주면서 희망을 가져야 한다.

여성주의는 어떤 세상을 꿈꾸는가? 남녀 대결이 아니라, 차별 없이 남녀 모두 자유로워지는 것을 지향한다. 가부장제 젠더 체계는 여성을 차별하고 억압하지만 동시에 남성의 역할 역시 규제하며 작동한다. 남성이 우월한 성을 하사받지만 그에 따른 규범적 역할도 강요받는다. 남성 역시 남자로만 사는 것이 아니라 자유로운 한 인간으로 살고자 한다면 이런 작동 체계에서 탈피해야 한다. 남성도 젠더 규범에 맞춘 똑같은 삶을 살기보다 각자 개성과 가치관에 따라 자유롭게 사는 것을 지향하는 것이 바람직하지 않은가? 성별에 따른 규범이 인간의 삶의 방식을 규정하는 사회란 얼마나 편협하고 억압적이고 획일적인가? 여성과 남성 모두 가부장제 젠더 체계에서 자유로워지고 해방되는 그런 세상을 꿈꿀 수 있을까? 우리 모두 얼마간의 기득권을 움켜쥐고 약자의 차별 위에서 자신의 안위를 얻는 것에 안주하기보다, 함께 그런 세상을 꿈꾸는 것이 바람직하지 않은가?

이제 다시 희망을 말할 수 있을까? 우리는 지금 나아가고 있는 것일까? … 앞이 보이지 않을 때, 믿음과 희망이 더욱 필요한 때이다. 계속 조금씩 나아가고 있다는 믿음, 앞으로 더 나아질 것이라는 희망!

| 참고문헌 |

김선희(1999). 「한국 가족 내 여성의 갈등에 대한 철학적 분석」, 한국여 성철학회 창립기념 봄 학술대회 발표문.

김선희(2003). 「자아, 여성, 페미니즘」, 『한국여성철학』 제3권, 한국여성 철학회.

김선희(2004). 『사이버시대의 인격과 몸』, 아카넷.

김선희(2008). 「다문화 시대의 여성주체」. 세계여성철학자대회 발표문.

김선희(2012a). 『과학기술과 인간정체성』, 아카넷.

김선희(2012b). 「여성의 범주와 젠더정체성의 법적 수행」, 『이화젠더법 학』 제4권 제2호, 이화여자대학교 젠더법학연구소.

김선희(2013). 「감정의 문제에 대한 여성주의 철학 상담의 가능성: 여성 의 분노와 우울증을 중심으로」, 『한국여성철학』 제19권, 한국 여성철학회.

김선희(2015a). 『철학 상담: 나의 가치를 찾아가는 대화』, 아카넷.

김선희(2015b). 「기술시대에 여성성의 긍정과 공감의 인문학」, 2015년 한국여성철학회 춘계학술대회, 기조발표문 참고.

김선희(2017). 「소통과 치유의 공동체는 어떻게 가능한가?」, 『철학』 제132집, 한국철학회.

김선희(2018). 「혐오담론에 대응하는 여성주의 전략의 재검토: 워마드의 혐오 전략을 중심으로」, 2018년 한국여성철학회 춘계학술대회 발표집.

김리나(2016). 「온라인 액티비즘으로 재/구성되는 '여성'범주와 연대: '메갈리아'와 '워마드'의 사례」, 이화여자대학교 대학원 석사학위 청구논문.

윤지영(2015). 「전복적 반사경으로서의 메갈리안 논쟁: 남성 혐오는 가능한가?」, 『한국여성철학』 제24권, 한국여성철학회.

정인경(2016). 「포스트페미니즘 시대 인터넷 여성 혐오」, 『페미니즘연구』 제16권 1호, 한국여성연구소.

조남주(2016). 『82년생 김지영』. 민음사.

루빈, 게일(2011). 『일탈』, 임옥희 외 옮김(2015), 현실문화.

보부아르, 시몬 드(1949). 『제2의 성』, 이희영 옮김, 동서문화사.

카뮈, 알베르(1951). 『반항하는 인간』, 김화영 옮김, 책세상.

하위징아, 요한(1938). 『호모 루덴스』, 이종인 옮김, 연암서가.

해러웨이, 도나(1991). 『유인원, 사이보그, 그리고 여자』, 민경숙 옮김, 동문선.

경향신문(2018. 7. 16), 〈성차별 문화에 할 말 있어요! ‘스쿨미투’로 소리 내는 ‘2000년생 페미니스트’〉 노도현 기자.

불편한 용기, 〈제5차 편파판결, 규탄시위 성명서〉.

여성신문(2018. 8. 15), 〈‘문제는 법 · 제도…여성이 정치권력 가져야’ 여성운동의 방향은?〉.

오마이뉴스(2017. 3. 13), 철학 상담 나선 김선희 교수 인터뷰 – 〈‘박근혜 끝났으나 이대생들 이겼다? 경찰만 보면 발작, 트라우마로 고통’〉 중에서, 신나리 기자.

오마이뉴스(2015. 6. 23), 〈일베도 서럽게 만든, ‘메갈리아의 딸들’〉, 홍현진 기자.

주간동아(2018. 7. 20), 〈워마드는 이례적인 문화 현상〉, 박세준 기자.

한겨레21(2015. 3. 18), 〈출발의 선언#나는페미니스트입니다〉, 박수진 기자.

Austin, J. L.(1965). *How to do Things with Words.* Oxford University Press.

Benedikt. M.(1991) ed. *Cyberspace: First Steps.* Cambridge: MIT Press.

Butler, Judith(1990), *Gender Trouble.* Routledge.
———— (1995). *Feminist Contentions.* Routledge, New York & London.

Evans, Dylan(2001). *Emotion.* Oxford University Press.

Haraway, Donna(1985). "A Manifesto for Cyborgs," in *Social Review.* vol. 15, no. 2.

Hawthorne, Susan & Renate Klein(1999) eds. *CyberFeminism.* Spinifex Press.

Nussbaum, M.(2001). *Upheavals of Thought: The Intelligence of Emotions*. Cambridge University Press.

──── (2004). *Hiding From Humanity: Disgust, Shame, and Law.* Princeton University Press(『혐오와 수치심』, 조계원 옮김, 민음사).

──── (2008). "Compassion: Human and Animal." 서울, 〈석학과 함께 하는 인문강좌〉 발표문.

Tong, Rosemarie(1989). *Feminist Thought*. Westview Press.

Wittgenstein, L.(1953). *Philosophical Investigations*. Basil Blackwell.

| 부록 |　　설문과
　　　　　　인터뷰
　　　　　　정리

이 부록은 워마드 현상을 비롯하여 한국의 페미니즘에 관한 심층 설문조사와 인터뷰 내용을 정리한 것이다. 이 설문에서는 본 주제와 관련된 다섯 가지 질문을 제시한 후, 자신의 입장을 근거와 이유를 통해 제시하고 자신의 경험의 맥락에서 기술하도록 했다. 개인 면담을 통한 인터뷰도 일부 진행하였다. 설문과 인터뷰 결과 다양한 관점들 속에서도 깊은 사유와 고민들을 찾아볼 수 있었다. 대립하는 입장들 사이에서도 토론 가능성을 엿볼 수 있었다. 나는 이들의 목소리를 직접 전달하기 위해, 본문과 독립적으로 부록을 작성하는 방식을 채택하였다. 이 자료를 정리함에 있어서, 분량을 조절하기 위해 축약하거나, 유사하거나 중복되는 입장들은 생략하거나, 문맥의 의미가 불분명한 부분은 약간의 수정을 가했으며, 긴 서술과 설명은 간략하게 요약하기도 하였다. 이런 과정을 거쳤으나, 설문 참여자들의 생각이나 목소리를 가능한 있는 그대로 전달하고자 하였다.

설문 참가자는 30여 명이었으며, 나이는 대다수가 20~30대였다. 2/3 정도가 대학생이거나 대학원생이었으며 1/3은 직장을 다니는 사회인이거나 일반인이었다. 성별은 3/4 정도가 여성이었고, 1/4 정도가 남성이었다. 학생과 여성이 다수라는 점에서 표본이 편향적으로 보일 수 있다. 하지만 이 설문은 양적인 통계를 목적으로 한 것이 아니라, 각자의 입장에 대해 동기와 이유와 가치를 기술하는 것이라는 점에서 '워마드 현상'을 둘러싼 여러 입장의 내러티브를 살펴보는 데에는 제 역할을 했다고 본다.

- **지지하는 입장과 그 이유들:**
  페미니즘의 사회적 이슈화, 여성 혐오 문제의 가시화, 여성연대
  (혜화역 시위 등)의 발판, 여성들의 각성과 감정적 해소에 기여, 최
  전방 방패 역할(여혐에 맞서는 심리적 방패) … 등이 있다.

1. 워마드를 지지하는 편이다. 먼저 워마드가 한국 사회에
나타나게 된 경위를 알고 있다. 90년대 중반 인터넷의 대중화로
일명 '넷페미'라는 이름하에, 여성들이 온라인상에서 페미니즘
에 대해 논하기 시작했다. 당시 사이트별로 온건 페미니스트부
터 급진 페미니스트에 이르기까지 다양한 지적담론이 있었고,
비단 페미니즘에 대한 지식뿐만 아니라 여성들의 일상적 문제
를 논하는 게시판도 있었다. 그러나 21세기 이후로 넷페미들이
자취를 감추게 되면서 여성주의 운동은 일부 아는 사람이나 하
는 사회 문제로 축소되었다. 그 와중에 한국 사회에서는 백래시

를 맞아[104] 90년대보다 여성 인권이 더 퇴보하거나 후퇴하고 있었다. 그러다 강남역 살인 사건과 메갈리아의 탄생 이후로 다시 넷페미가 다음 세대 여성들에게로 이어지게 되었는데, 그 중에서 가장 급진적인 사이트가 워마드이다. 워마드는 오직 여성의 인권만을 위해 여성주의 운동의 최전방에서 고군분투하고 있는 사이트이며, 그것은 90년대에 태어나 21세기에 20대에 접어든 여성들에게 격화되는 여성 혐오의 굴레에서 처음 접하게 된 새로운 피난처이다.

2. **워마드를 지지한다.** 워마드는 제 나름의 역할을 수행하고 있다고 생각하기 때문이다. 같은 사안이라도 사람에 따라 대응하는 방식이 다르다. 어떤 사람은 사회적 기준으로 비추어볼 때, 조금 더 낯설고 과격한 방식을 취할 수 있고, 어떤 사람은 그들이 닦아놓은 길에 반하지 않는 방식으로만 소극적으로 그들의 행보를 지지할 수도 있다. 혹은 사회적 기준에서 너무 과격한

---

104 백래시(backlash)란 정치 사회적 변화에 저항하거나 반발하는 움직임을 말한다. 수잔 팔루디(Shsan Faludi)가 페미니즘 운동의 부흥에 대한 남성 문화의 거센 반격 내지 페미니즘에 맹렬히 저항하는 태도를 '백래시'라 명명한 이래, 인권 존중이나 성평등을 향한 운동을 저지하고 소수자에 대한 차별과 억압을 유지하고자 하는 기제를 지칭하기도 한다.

방식이라는 이유로 배척하는 사람도 있을 것이다. 생각해 보면, 워마드가 강력하게 앞서 나서서 지금껏 여성 운동을 실천적으로 이끌어 왔다고 생각한다. 어찌 보면 사회적으로 충격을 주는 방식을 통해서 보다 강력하고, 효과적으로 여성 간의 유대를 이끌었다고 생각한다. … 어쩌면 온화한 목소리로 온건한 방식으로 해야 남성들의 지지까지 얻을 수 있다는 생각은 착각일지 모른다. … 워마드의 방식은 강력하게 가부장적, 남성 중심의 사회를 전복시키는 데 큰 역할을 하고 있다고 생각한다. 따라서 나는 워마드에 참여하지는 않지만, 그들의 방식을 지지하고 있다.

3. 워마드를 지지한다. 워마드와 메갈리아가 생긴 후, 한국 사회에서 '여성 혐오'라는 주제가 수면 위로 올라왔다는 점을 부정할 수 없기 때문이다. 우리 사회에서는 '된장녀' 등의 언어적 폭력은 물론이고 데이트 폭력, 강간 및 각종 강력 범죄에 이르기까지 여성을 대상으로 한 폭력이 있어 왔다. 그러면서도 가해자인 남성보다는 피해자인 여성에게 '그 범죄의 대상이 된 것'에 대한 책임을 전가하는 억압이 존재했다. (예를 들면, 짧은 치마를 입었기 때문에 강간을 당할 위험에 처했다거나, 여성이라면 밤늦게 다니지 않는 것이 좋다, 다리는 모으고 앉아야 한다는 등). 하지만 워마드의 놀이 형태의 미러링 전략은 그 자체로 여러 가지 효과를 가져

왔다고 생각한다. 첫째로, '여성 혐오'에 대한 인식을 높였다. 이제껏 약자로서, '김치녀'로서 재단 당했던 여성들이 역으로 남성을 공격하는 상황 자체가 사회의 이목을 집중시켰다. 다양한 매체에서 워마드에 대해서 말하고자 했다. 워마드에 대해서 그리고 미러링에 대해서 말하자면 먼저 '여성 혐오적 표현'에 대해서 말할 수밖에 없고, 그 결과 여성 혐오의 심각성이 드러나게 되었다. 둘째로, 여성 연대의 발판이 되었다. 워마드는 소속감을 가지지 않을 것과 수단으로써 워마드를 이용할 것을 주문한다. 그러나 동시에 워마드는 같은 여성으로서 억압의 경험을 공유하는 자, 그리고 그것에 분노해도 되며 저항할 수 있다고 응원하는 자가 모여 있는 공간이다. 워마드는 우리 사회에 살아가고 있는 여성들에게 지지 기반이 되었으며, 혜화역 공동행동 등 오프라인에서 실질적 연대가 이루어졌다. 워마드가 남녀 대결을 초래하거나, 페미니스트에 대한 사회의 부정적 여론을 조성하는 등 여러 가지 사회적 이슈를 촉발했다고 할지라도, 단시간에 가부장제의 부작용과 성차별에 대한 논의를 폭발적으로 전개시켰다는 점에서 워마드를 지지하는 편에 설 수밖에 없다.

4. 워마드가 페미니즘 자체를 사회적 이슈로 떠오르게 하고, 사람들에게 긍정적 방식이든 부정적 방식이든 여성 차별의 문제를 '인식'시켰다는 것 자체를 긍정적으로 본다. 워마드가 등장하기 전에는 여성 혐오와 차별은 이미 진작에 해결된 것으로 보는 분위기가 강했으며, 여성주의가 시효가 끝난 과거의 학문처럼 여겨지고 있었기 때문이다.

5. 나는 워마드의 행보를 지지한다. 워마드는 우리나라의 래디컬 페미니즘이 가장 극단적인 형태로 압축된 인터넷 커뮤니티이다. 그들의 언어는 일베와 같은 여혐 사이트에서 사용되는 것을 그대로 답습하여 남녀 주체를 뒤바꾸어 거울로 비쳐 주는 미러링을 기본으로 한다. 그들은 가부장제 탈피를 위해 비혼, 비연애, 탈코르셋을 외치며 단순히 커뮤니티에서 자신들만의 세상을 만드는 것이 아니라 사회적인 변화를 꾀하고 있다. 역사적으로 모든 사상은 양극단을 오가며 그 중간 지점을 향해 진화한다고 볼 때, 지금 워마드의 극단적인 행보는 앞으로 나아갈 페미니즘의 불가피한 과정이라고 생각한다.

6. 워마드를 지지하지 않을 이유가 없다고 생각한다. 워마드는 여자라면 무조건 지지하고 두둔하는 유일한 사이트이자, 현

재 한국 사회에서 페미니즘 논의를 계속해서 진행시키고 있는 유일한 사이트이다. 단 3개월 만에 폭파된 메갈리아 이후 갈 곳을 잃어 방황하던 페미니스트들이 머무를 수 있던 곳, 논의를 멈추지 않고 할 수 있던 곳으로도 워마드를 꼽을 수밖에 없다. 수많은 후속 사이트들이 생겨났지만 거의 도태되거나 퇴화되었다. 수많은 논란을 일으켰지만, 그런 논란 중에도 멈추지 않고 새로운 사고를 가능하게 해왔다는 점에서 나는 워마드가 고맙다. 워마드가 생겨났기 때문에 메갈리아가 재평가되고(메갈 초기가 더 공격적이었다는 점을 잊은 건 아닌지 모르겠으나) 착한 페미니스트라느니 진정한 페미니스트 운운하는 일들이 벌어지는 걸 보면 최전방 방패의 존재 가치는 헤아릴 수 없다고 본다. …

7. 워마드를 지지하는 편이다. 여지껏 사회에서는 남성이 비상식적 행동을 하더라도 묵인해 왔다. 그러한 문제점을 워마드는 '미러링'하며 드러내고 있다. 워마드의 작은 미러링 하나만으로도 사회적으로 크게 이슈화 되는 것을 보면 많은 여성들 또한 불평등을 마주하고 깨우치게 될 것이라고 생각한다. 물론 비상식적인 행동을 한다는 것 자체를 지지하는 것은 아니다. 하지만 이는 단순히 남녀, 여자 남자의 성별을 제외하고 행동만 놓고 보았을 때 그동안 수없이 많이 겪어 왔던 문제들이다. 그런데 이

문제를 여성인 워마드가 했다는 이유로 최고의 악으로 등극시
키는 것은 성차별이라는 것을 드러내 준다.

8. 지지하는 편에 가깝다. 워마드가 있음으로써 일베 등 남
성우월주의에 심취된 남성들이 편파적으로 여성을 혐오하며 행
동하는 것에 심리적으로 방패가 되어 준다. 워마드와 같은 사이
트의 존재가 없다면, 남성 우월주의에 여성이 지금보다 더 일방
적으로 피해를 받았을 것이다.

- **비판하거나 지지를 철회하는 입장과 그 이유들:**
  약자와 소수자 혐오, 증오 넘치는 표현에 대한 불편함, 배타적
  이고 폐쇄적 태도, 상식적으로 이해하기 어려운 자극적 행동 …
  등이 있다.

---

9. 지지하지 않는다. (처음에 미러링 방식이 여성 혐오에 대해 사
람들이 관심을 갖게 하는 계기가 되었다는 점에서 긍정적 영향도 일부 있
다고 생각하지만) 최근 워마드에 대한 기사들을 보면 대부분 범죄
와 가까운 자극적인 행위로 보인다. 그런데 워마드 커뮤니티에
직접 들어가 본 것은 아니므로, 실제로 그것이 워마드에 소속된

사람들의 일반적 인식이고 행동인지는 솔직히 잘 모르겠다.

10. 개인적으로 워마드라는 사이트가 처음 생겼을 때부터 지지하지 않았다. 기존에 있던 메갈리아 사이트의 남성 혐오 전략, 미러링 전략에서 더 나아가 일반적인 상식선에서 무슨 의도를 가지고 활동하려는지 이해가 잘 가지 않았다. 사이트 구성 및 활동 목표가 부정확했으며, 점점 여성해방과 관련된 활동과는 거리가 멀어지고 성적으로 XY 염색체를 가진 존재들에 대한 폭력적 대응과 행동들만 부각되고 있는 것 같아서 그들의 행동에 지지를 보내기 어렵다.

11. 비판적이다. 그동안 많은 운동이 있었지만, 메갈리아와 워마드를 접한 후 가장 많이 마주쳤던 것은 미러링이다. 과거 메갈리아가 개인이 아닌 젠더의 한 계층인 남성을 상대로 미러링한 것과는 다르게, 워마드는 또 다른 약자를 혐오하고 지운다는 점에서 한계가 있다고 생각한다. 미러링은 강자를 향한 풍자로써 의의를 발휘하는 약자의 기법이기 때문이다. 탈코르셋 도중 일어나는 같은 여성을 향한 배제, 성소수자 혐오, 기존 남성에 대한 공포와 융합된 난민혐오 등, 워마드는 자신보다 더 억압받고 있는 약자들을 찾아서 혐오한다. 더 불안정한 사람을 찾아

서 조롱하고, 안도하며 자기 위안을 얻는 것이다. 그리고 그 혐오는 자신들이 피해자이고 약자라는 것으로 합리화한다. 이는 구조적 문제의 피해자이기에 보상받아야 한다, 피해자이기에 저지른 행위는 책임 부담이 경감된다는 생각들과 맞닿아 있다. 사회에서 배제당한 피해자가 가해자가 되어가는 과정처럼 보이기도 한다. 굳건하게 존재하는 억압과 차별에 돌을 던지지 않고 또 다른 약자를 조롱하는 행위는 정당화될 수 없다.

12. 워마드의 성향 자체는 비판한다. 여기서 이야기 하는 워마드의 성향이란 (1) 트랜스젠더 등을 비롯한 성소수자 배척의 TERF 성격, (2) 비장애인, 레즈비언, 시스젠더, 비성매매업 종사자, 고소득 고학력, 비혼, 20대 등의 좁은 범위 안에 속해야만 진정한 여성이라고 인정하며 그 외의 계층은 좆빨러, 단백질 히잡, 남자의 애완견 등으로 비하하는 것. 워마드에서 주장하는 순수 여성 외의 계층인권을 이야기하면 '스까'라며 비하하는 모습. (3) 2010년대 이전 한국 여성 운동 활동과 성과를 일축하는 것, (4) 대화가 아닌 관철이 '쿨'한 것으로 추앙받는 분위기 등을 꼽겠다. 이들의 영향력이 커질수록 순수 여성을 찾는 모습과 여성 운동의 이력을 일축하거나, 성소수자를 비하하는 등의 모습을 통해 가부장제의 극단적인 면과 유사한 특성을 보이기 때문에

사회에 나쁜 영향을 끼칠 수 있다고 생각한다.

13. 워마드의 행보에 대해서는 비판적이다. 사회는 구성원들의 합의와 이해관계에 의해서 움직이는 구조적 시스템이다. 워마드의 과장된 폭력적 가장 행위는 분명 우리가 일반적으로 생각했던 사회의 통념이 잘못되었고 기울어졌음을 지적하는 균열이며, 그러한 전략은 분명 유효한 효과를 보이고 있다. … 그러나 워마드 구성원들이 보여 주는 폭력적 언어나 행위의 근거는 (사회가) 공유할 수 없는 정도로 상호 맥락을 잃었으며, 그러한 방식이 함께 연대해야 할 소수자를 향한 혐오가 반복되는 언행 등으로 구체화되었다. 이러한 자정적 고민과 사회 윤리적 질서 규범에 무지한 방식의 행위는 이념을 떠나 윤리적으로 동의하기 어렵다.

14. 비판적이다. 어떤 분야든지 급진적인 방식이 인식을 전환시키는 계기가 되고, 전체적으로 토론할 기회를 활성화시키고, 자성이 이루어져 발전적인 방향으로 나아간다고 생각하고 워마드가 이러한 역할을 할 수 있다고 생각한다. 워마드에 대해 잘 모르고 기사로만 접했는데, 기사에서 소개되었던 몇몇 미러링의 예들이 너무 자극적이어서 직접 사이트에 들어가 보

고 싶지도 않았다. 이 때문에 부정적으로 인식하게 되었고 이에 대해 더 찾아보지도 않게 되었다. 그래서 사실 워마드에 대해 자세히 알지도 못하면서도, 비판적으로 바라보는 시각이 고착화되었다.

15. 이해는 하지만 지지하지 않는다. 워마드는 다른 소수자 혐오에서 출발하였고 지금도 마찬가지다. 워마드의 키워드는 혐오가 유명하지만, '공포'라는 키워드도 중요하다. 과열된 공포가 혐오를 운영하는 것이다. 워마드는 두 감정이 과열된 나머지 여성이라는 소수자를 대변한다는 초기 입장에서 점점 벗어나 다른 소수자를 모두 '패는' 방향으로 변질되고 있다. 가짜 뉴스를 전담하는 개인들이 난무하고 조직적으로 가짜 뉴스를 퍼뜨려, 공포를 이용해 소수자를 혐오하는 저질 전략까지 가져오고 있다. 워마드발 유머 사이트 '더망빠'의 경우도 살펴볼 만하다. '더망빠'는 워마드의 현주소, 공포 마케팅, 혐오 퍼뜨리기, 가짜 뉴스로 소수자 공격하기를 잘 보여준다.

16. 지지하지 않는다. 결정적으로 워마드의 혐오 놀이는 도덕적으로 정당화되기 어렵다고 생각하기 때문이다. 워마드가 지키고자 하는 가치가 일관되지 않다는 점 역시 내게 워마드를 지지하지 않는 이유이다. 하지만 워마드를 비난하지는 않으려 한다. 처음 워마드가 등장했을 때, 그들의 미러링 전략은 현실에 '공기처럼' 퍼져 있는 여성 혐오에 숨 막혀 하던 내게 단비와도 같았으며, 워마드의 어법은 내게 감정적인 해소를 가져다주었기 때문이다. 워마드를 지지하지 않는 지금도 워마드의 발언에 통쾌해 할 때가 자주 있다. 또한 그들의 움직임이 한국의 페미니즘 논의에 불을 붙여 준 것에 대해서 고맙게 생각하고 있다. 주변의 지인들을 살펴보아도 워마드 전후로 페미니즘에 눈을 뜬 사람들의 수가 확연히 늘어나 있음을 알 수 있다.

17. 워마드 운영자를 수사하는 방식이 편파적이라는 점에서는 워마드를 지지하면서, 워마드 이용자는 아니지만 이런 수사를 하는 것에 대해서 반대를 한다. 그러나 비판하는 지점은 워마드가 페미니

즘에다 우파적 성향이 강하다는 것과 페미니즘의 이름으로 다른 소수자를 억압하려고 하는 점이다.

18. 워마드를 전폭적으로 지지하지는 않지만 그들의 존재는 긍정한다. 워마드의 활동에 모두 동의하지는 않지만 워마드는 충분히 페미니즘 갈래에서 포섭될 수 있다고 생각하며, 워마드는 한국 페미니즘 운동의 다양성과 활성화에 기여했다고 생각한다.

19. 워마드에 대해 평가하는 것을 보류한다. 메갈리아와 워마드 이후, 여성주의에 대한 젊은 여성들의 관심이 증폭된 것과 그로 인해 사회적인 변화가 일어난 것은 엄연한 사실이다. 워마드가 펼치는 논리와 택하는 전략에 대해서 다양한 의견을 지닐 수는 있겠으나 이들이 특정한 가치를 위해 위험을 무릅쓰고 앞장서고 있다는 점을 기억해야 한다. 현재 워마드의 방향성이 과연 초기의 가치에 충실하고 있는지, 혹은 우리 사회가 그 가치에 동의하고 있는지에 대해서는 반문해볼 필요가 있다. 그러므로 워마드를 지지한다거나 지지하지 않는 것에 대해 공방하기보다는 그들이 이와 같은 활동을 하게 된 계기는 무엇이고 앞으로 어떤 방식으로 여성주의적인 가치를 지킬 수 있을 것인가에 대해 함께 고민하는 것이 더 생산적이라고 생각한다.

2. 미러링, 탈코르셋, 난민 반대, 퀴어 축제 보이콧, 성체 훼손 등 워마드의 전략이나 운동에 대해 어떻게 생각하는가?

- 미러링이나 탈코르셋 운동에 대해서는 다수가 긍정적인 입장을 취하는 경향이 있으나 탈코르셋의 일방적 규제에 대해서는 문제를 제기하기도 하였다. 반면에 난민 반대, 퀴어 축제 보이콧 등 소수자에 대한 워마드의 대응에 대해서는 비판적 관점이 다수이지만 그런 입장을 취하게 된 배경이나 동기들에 대한 설명도 제시하고 있다. 이 문제들에 관해서, 워마드 지지자와 비판자들 중에서도 개별적으로 다양한 평가들을 찾아볼 수 있다.

1. 워마드의 전략은 오직 생물학적 여성의 인권을 위한 투쟁에 앞장서는 것이다. 그 방식은 기존의 사회가 여성에게 부과하고 있는 이미지와 완전 정반대이다. 자극적인 이미지로 워마드는 동시에 얻는 것과 잃는 것이 있지만, 손해를 감수할 만큼 이익이 크기 때문에 지속적으로 유지할 만한 전략이라고 본다. 물론 그렇게 생각할 수 있는 근거에는 한국 사회에 페미니즘

운동 세력이 급진 페미니스트만 있는 것이 아니라, 온건 페미니스트와 교차 페미니스트도 고루 존재한다는 점이 있다. 워마드의 전략은 자극적이고 폭력적인 것을 쉽게 유포시키는 미디어의 가벼운 속성을 잘 이용했다고 생각한다. 우리 사회에 존재하는 남성의 정치관 스펙트럼은 상당히 넓으며, 도저히 이해할 만한 것이 아닌 것도 자연스럽게 수용되는 일이 많다. 워마드가 기존의 순종적이고 무해한 여성의 이미지를 탈피함으로서 한국 사회에 존재하는 여성에 대한 고정 관념을 깨뜨리고 여성이 단지 이미지로 존재하는 것이 아니라 한 명의 사람으로 여겨지도록 하는 발화점이 되리라 생각한다.

2. 미러링은 현실에 공기처럼 존재하는 여혐적인 내용들이 남성에게 해당하는 경우는 매우 낯설다는 것을 보여 줌으로써 여성과 남성에게 알게 모르게 가해지는 잣대와 준거가 다르다는 것을 명확하게 보여 준다. … (단지 남성과 여성의 주체를 바꿔 봄으로써) 나는 **미러링**이 험담자체가 아니라, 숨 쉬듯 당연하고 견고했던 가부장적 사회에 균열을 내는 힘이 있다고 생각하게 되었다. **탈코르셋**도, 나에게 요구되는 것이 남성에게 요구되는 것과는 다르다는 것을 인지하게 된 후로는 동참하게 되었다. 남성은 그 자체로, 혹은 능률이나 실력으로 평가받는 반면 여성은

그 이외에 외적인 꾸밈이 일종의 권력이 된다. 잘 꾸민(남성의 시각에서 사회적 여성의 기준을 잘 충족한) 여성의 경우에는 더 인정을 받게 되고, 그렇지 못한 자는 같은 여성임에도 불구하고 여성 중에서도 약자가 된다. … 꾸밈이 권력이 되는 순간, 잘 꾸민 여성과 그렇지 못한 여성 간에 파열이 생기기도 한다. 연대해도 모자랄 판에 여성 간에 다툼을 유발하는 것에 대해서 분노를 느끼게 되어서 지지하게 되었다.

나의 경우 **난민 반대**가 가장 어려운 문제였다. 인간이라는 관점에서는 난민을 모두 포용하는 것이 맞다고 생각했기 때문이다. 난민이라는 존재를 생각해 보았을 때, 종교, 정치적 분쟁 등으로 인해 삶의 환경에 파탄을 맞은 자로서 세계 시민으로서 그들의 삶까지도 돌봐야 한다는 생각이 있었기 때문이다. 또한 유럽의 독일의 경우에도 적극적으로 수용하는 것을 보면서 인간이라면 그래야 한다고 생각했다. 그러나 수용되는 난민의 경우에도 남성의 수가 여성 난민의 수보다 높다는 점에서 내가 옹호하는 것이 인간 모두의 권리이었지 남성만의 생존권은 아니었다는 점에서 섣부른 수용은 바람직하지 않다고 생각이 되었다. 또한 국내 여성에게 '남성' 난민의 수용은 또 다른 두려움을 준다. 이는 난민과 일반 시민이라는 사회적 지위를 떠나서 남성과 여성이라는 사회적 지위가 주는 문제 해결이 선행되어야 함을 보여 준다. 따라서 난민 여성에 대한 보호와 또한 국내 여성에 대한 보호가 선행되어야 한다는 점에서 워마드의 난민 반대는 재고할 수 있는 시간적 여력을 주었다고 생각한다.

3. 다소 과격하다. 워마드의 운동은 급진적이기 때문에, 세계 시민으로서의 윤리, 존중, 똘레랑스 등 현대 '시민'으로서 요구되는 가치에 대한 거부로 보이기도 한다. 때문에 워마드의 행보는 도덕적 정당성에 대해 공격받는다. 하지만 워마드가 이런 전략과 입장을 취할 때, 과연 현대 사회는 (한국 사회는) 여성을 '시민'으로 대우하고 있는가 하는 질문이 가능해진다. 여성은 남성과 동등한 권리를 누리는 시민인가? 뿐만 아니라 워마드의 운동에 잇따르는 사회의 반응은 여성으로 하여금 미처 인지하고 있지 못했던 가부장제의 모순을 마주하게 한다. 홍대 남성 모델 몰래 카메라 사건처럼 여성으로서 너무나 오랫동안 해결될 수 없다고 생각한 문제들이 남성의 문제가 될 때 (미러링을 포함하여) 너무나 쉽게 해결되는 것을 목격하게 되었기 때문이다. 또 한편으로는 여성으로서 겪어야 했던 신체적, 정신적 불안이 '여성'에 대한 가치 절하에서 나왔다는 것을 확인하게 되기도 한다. 성체 훼손(천주교 신자가 아니라면 과자에 불과한 성체, 종교적 존중의 문제는 차치하기로 하자)으로 너무나 간단히 체포영장이 발부되는

것을 보며 여성(특히 여성의 신체)의 가치가 성체와 동일선상이나 혹은 그 아래에 있다고 생각된다. 이제까지 보아 왔던 몰카범, 성폭행범의 처벌과 비교하지 않을 수 없기 때문이다.

4. 동시대 이슈로 여성주의를 소환시킨 것은 어쩌면 **미러링, 탈코르셋** 등 이러한 과격성이 없었다면 어떻게 가능했을까 상상하기 어려울 정도라는 점에서 과도기적으로 필요한 등장이었다고 생각한다. 이 시기를 넘어 그 다음 단계로 나아가기 위해서는 분명히 새로운 전략이 필요하다는 것에는 동의한다. 하지만 **난민 반대**나 **퀴어 축제 보이콧**, **성체 훼손**은 여성 혐오에 대한 문제제기와 정확히 어떤 관련이 있는지 납득이 되지는 않는다. 그냥 우리 서클 바깥의 세계에 대한 무작위적 불만을 표출하는 것으로 느껴지는 측면도 있고, 그래서 페미니즘이 애초에 무엇을 주장하려 한 것인가에 대해 혼란을 준다.

5. **미러링** 전략이 현재 상황에서 목표에 합당한 전략적 기능을 하고 있는 것인지 의문스럽다. 혐오에 혐오로 대응하는 전략적 방법론으로서의 활약은 이제 끝난 것이 아닌가 생각한다. 오히려 현재 워마드의 행보는 혐오논리, 권력의 재생산으로 밖엔 안 보인다. **탈코르셋** 운동으로는 많은 여성이 자신들이 지금

까지 해왔던 생활 방식에 대해 비판적으로 고찰하게 되었고 그에 따른 변화 또한 다양한 양상을 보였다. 그렇지만 워마드가 제시하는 기준의 탈코르셋을 하지 않는 여성을 비난하는 점은 문제가 있다고 본다. 이는 오히려 여성 혐오를 탈피하려다 다시 여성 혐오로 빠지게 되는 것이다. 이처럼 워마드의 전략과 운동들에 어떤 일차적인 목표로 상정되는 의의는 있다고 생각하지만 이대로 소수자를 혐오하고 다른 여성들을 혐오하는 방식을 고수한다면 그 이상의 어떤 의미가 창출될 수 있을 지 잘 모르겠다.

6. 최근 워마드를 비롯한 넷-페미니즘에 가장 유행이 되었던 것은 **탈코르셋**이었다. 이에 동의한 페미니스트들은 '여성다움'과 '남성다움'의 경계를 해체하고자 긴 머리를 잘라 '투블럭'을 했고 '남리남리'한 의복을 모두 버리고 여남 공용 혹은 남성용 옷을 입었다. 탈코르셋 운동이 갖는 취지에 대해서는 나도 동의하며 나 역시 긴 머리를 자르고, 전보다 '남리남리'한 옷을 입지 않기 위해 노력한다. 하지만 탈코르셋 관련 담론에서 안타까웠던 점은 탈코르셋 여부를 기준으로 페미니스트들을 '진짜' 페미니스트와 '가짜' 페미니스트로 구별하고 이른바 '가짜' 페미니스트들을 비판하며 그들에 대한 일종의 우월 의식을 느끼는 '진짜' 페미니스트들의 행보였다.

7. **미러링**과 **탈코르셋**은 유의미한 전략들이었다고 생각한다. 이를 통해 젊은 여성들은 우리 사회의 뿌리 깊은 여성 혐오적인 문화를 직시할 수 있게 되었을 뿐만 아니라 상대방이 쥐고 있던 권력을 일부 맛보면서 남성에 대해 지니고 있던 두려움을 어느 정도 해소하는 경험을 했다. 그러나 **난민 반대**, **퀴어 축제 보이콧**과 **성체 훼손**과 같은 전략에는 동의하기 어렵다. 이 전략들은 우리 사회의 또 다른 약자들—난민과 외국인, 퀴어, 퀴어 종교인—을 편견에 입각하여 바라보고 그들을 혐오하는 것을 동력으로 하고 있다. 남성에게 억압받는 존재로서의 여성을 이야기하고 여성의 해방을 주장하면서 또 다른 누군가를 억압하고 있다는 사실을 자각할 필요가 있다.

8. 워마드의 **미러링**은 여태까지 많은 논란을 불러 왔다. 처음 메갈리아, 워마드가 만들어졌을 때에야 비로소 소라넷, 일베와 같은 여성 혐오 사이트에 대한 문제의식이 수면위로 올라왔다. 워마드나 메갈리아가 탄생하기 전에 일베는 잔인하고 혐오적인 글들로 수두룩했다. 하지만 페미니즘에 관심있는 사람이 아니면 아무도 일베에서 어떤 일이 일어나는지 관심이 없었다. 주변 사람들에게 일베가 어떤 점에서 사회악인지 설명해 줘야 할 정도였다. 메갈리아에서 본격적으로 미러링을 시작하자

그에 관련된 기사들이 쏟아져 나오면서 '일베=사회악'이라는 공식이 자리 잡혔다. 일상생활에서 숨 쉬듯이 사용하는 여성 혐오적 표현들은 미러링으로 되갚아주고 나서야 그 표현들의 혐오적인 특성이 도드라진 것이다. 이런 점에서 미러링의 일차적 효과는 사회 고발이라고 볼 수 있다. 같은 맥락에서 우리는 워마드를 통해 성별에 대한 사회의 이중적 태도를 가장 날 것으로 목격할 수 있다. 아직 페미니즘을 제대로 접하지 못한 여성들도 워마드 홍대 몰카 사건에 대해 형량 10개월을 받은 것에 대해 분노한 것이 이에 대한 대표적인 예이다. 미러링의 이차적 효과는 언어 권력 뒤집기이다. 워마드와 메갈이 생기기 전에는 김치녀, 된장녀 등의 혐오적 단어들이 많이 사용됐지만 김치남, 한남충 등의 단어들을 사용하면서 기존의 혐오 표현들은 타격감이 적게 느껴졌고 자연스럽게 그 효력을 잃어갔다. … 옛날에 나는 삼일한(여자는 삼일에 한 번씩 패야 한다), 자박꼼(자지 박으면 꼼짝 못한다), 허벌보지, 니애미, 등의 혐오 표현을 들으면 충격에 휩싸여 아무것도 하지 못하고 꼼짝할 수 없었다. 지금은 미러링한 단어들이 생겨나고 있고 그 안에 해학적인 요소들도 있기 때문에 원본의 혐오 표현을 들어도 전혀 충격적이지 않고 가소롭게만 느껴진다.

　　나는 워마드가 시작한 **탈코르셋 운동**에 전적으로 동의한다. 미러링의 일환으로 여성이 평소에 입는 옷과 자세를 남성에게 그대로 옮겨 온 그림을 보고 코르셋의 존재를 확실히 볼 수 있게 됐다. 어느 지하철에 가도 가장 눈에 띄는 것이 성형 광고이다. 게다가 요즘에는 오프숄더와 같이 활동에 제약이 생기는 불편한 옷들이 유행하고 있다. 화장을 안 하는 날에는 '아프냐, 왜 화장을 안했냐' 등의 말을 듣고 있는 사회에서 여성은 항상 아름다운 모습이길 강요받는다. 이러한 점은 헬스장에서 너무나 명확하게 보인다. 화장을 하고 운동하는 남자는 단 한명도 없는 반면 화장한 여성은 여럿 찾을 수 있다. 탈코르셋은 여성에게 강요되는 꾸밈노동, 코르셋을 벗어던지는 운동이다. 여성은 아름답지 않아도 되며, 있는 그대로의 자신을 받아들이고 사랑할 수 있도록 하는 것이 궁극적 목표라고 본다. **난민 반대**는 현 상황에 대해 철저히 여성의 관점에서 봤을 때의 시각이라고 생각한다. 여태까지 이러한 시각이 자유롭게 논의 된 적이 없기 때문에 이러한 의견들도 앞으로 발전할 사회를 위해선 필요하다. 정부는 이러한 논의를 단순한 반항으로 볼 것이 아니라 그들이 우려하는 지점을 정확히 파악해서 앞으로의 정책에 참고해야 한다.

　　나는 요즘 **퀴어 문제**에 대해 해소되지 않은 의문점들이 많다. 코르셋에 대해 고민을 많이 하다 보니 트랜스젠더를 이해하기가 힘들어졌다. 본래 트랜스젠더란 주어진 생물학적 성별과 자신의 성 정체성이 다른 사람을 일컫는 말인데 그들이 말하는 성 정체성이 무엇인지, 정확히는 MTF(남성에서 여성으로 성전환 한) 트랜스젠더는 여성의 어떤 점을 보고 자신의 성을 정체화 했는지가 의문이다. 그들이 입는 옷, 행동들을 보면 코르셋을 입은 여성과 다를 바가 없다. 나는 화장을 하지 않거나 여성복을 입지 않은 트랜스젠더를 본 적이 없다. 그런 상황에서 나는 이런 의문이 들 수밖에 없는 것이다. 'MTF 트랜스젠더는 사실 자신의 정체성이 여성인 것이 아니라 여성이 입는 코르셋에 대한 열망의 일환인 것이 아닐까?' 비슷한 맥락에서 FTM(여성에서 남성으로 성전환 한) 트랜스젠더는 어떤 부분을 남성이라고 상정하고 자신을 남성이라고 정체화 한 것일까. 나는 페미니즘과 lgbtq[105] 커뮤니티가 성별의 틀을 깨부수는 것이 궁극적인 목표라는 점에서 방향을 함께한다고 생각한다. 그 점에서 트랜스젠더는 여성과 남성의 이분화를 깨는 것이 아니라 오히려 공고히 한다는 느낌을 주기 때문에 전적으로 지지할 수가 없다. 워마드는 퀴어 문제에서 또 다른 지점을 지적한다. 바로 남성 위주로 이루어지는 퀴어 문화에 대한 경고이다. ⋯ 그들은 퀴어 또한 남성 중심

---

105 lgbtq는 레즈비언(lesbian), 게이(gay), 양성애자(bisexual), 성전환자(transgender), 성적 지향에 의문 가지고 있는 사람(questioner)을 합쳐서 부르는 약어이다.

이며, 여성의 편이 아니라는 점을 피력하고 있다. **성체 훼손**도 미러링의 일환이라고 본다. 일베에서는 성모 마리아를 향해 입에 담을 수 없는 치욕스러운 말들을 내뱉는다. 하지만 아무도 관심을 가지지 않았다. 워마드에서 성체를 태운 사진이 한 장 올라온 뒤로 수많은 기사가 쓰였다. 나 또한 일베에서 성모 마리아를 어떻게 취급하는지 알지 못했는데 성체 훼손 사건 뒤로 관심을 가지고 찾아보다 알게 됐다. 심지어 우리나라에서 신도를 성폭행한 신부도 있었지만 쉬쉬하고 넘어갔다는 사실도 알게 됐다. 이것은 빙상의 일각일 것이다. 하지만 워마드는 그 빙산을 조금씩 드러내는 작업을 하고 있다고 본다.

물론 모든 집단이 그렇듯이 모든 워마드 유저가 이러한 큰 사명감을 가지고 활동하지는 않을 것이다. 그러나 한 가지 주목해야 할 점은 워마드가 하는 모든 행동에는 그 동기가 있고 이유가 있다. 우리는 그들의 행동만을 주시할 것이 아니라 이러한 행동이 생겨난 원인과 이유를 낱낱이 파헤쳐야 할 것이다. 그렇게 여성 혐오가 사라지면 워마드도 자연히 그 유세를 잃게 될 것이다.

9. 개인적으로 미러링 활동과 탈코르셋 운동은 가치 있는 운동이라고 생각한다. **미러링**은 그동안 가부장적 사회 속에

서 지배 계층들이 생각하지 못했던 자신들의 모습을 간단하면서 효과적으로 표현할 수 있는 방법이기 때문이다. 하지만 무분별한 미러링으로 더 이상 미러링의 효과는 미미해지고, 미러링의 대상들이 더 이상 이러한 전략에 영향을 받지 않게 된 지금의 상황에서 미러링의 방법론에 대해 다시 고찰할 필요가 있다고 생각한다. 이미 워마드의 폭력적, 조직적, 상식적으로 동조하기 힘든 미러링으로 인해 남성뿐만 아니라 여성들도 피로감을 느끼고 있다고 생각한다. … 한 편으로 **탈코르셋** 운동은 지금까지 여성들을 억압했던 코르셋들을 해체하면서 여성들의 정식적, 육체적인 해방 및 생활화가 이루어지고 있는 것 같아서 생활 밀착형 여성주의 운동의 효시를 보여 주는 것 같다. 이외의 **난민 반대, 퀴어 축제 보이콧, 성체 훼손** 등의 활동들은 사회의 다양성을 훼손하고 젠더간의 평등에서 더 나아가 소수자와 인간의 평등을 추구하는 여성주의와 맞지 않는 운동이라고 생각한다.

10. 회의적이다. 여성에 대한 차별과 배제, 즉 혐오에 반대하는 것이 페미니즘의 기조이다. 여타 다른 워마드의 운동도 그렇지만 지정 성별 여성만 안고 간다는 생각엔 부정적이다. 여성이 함의하는 개념이 무엇일까. 포궁(자궁)을 가지면 여성일까. 법적 성별이 여성이면 여성일까. 세상엔 여러 계층을 지닌 사람

들이 있는데, 소수자 운동에서 한 계층만 분리하는 건 불가능한 일이지 않을까. 한국 사회에서 여성은 약자지만, 약자가 다른 약자를 배제한다면 약자성에 따른 권리 요구라는 대의가 사라진다. 자신의 인권이 신장되길 바라면서 동시에 소수자들을 조롱하고 혐오하면 여성 혐오를 하는 남초 커뮤니티들과 무엇이 다를까. 타인의 인권을 지우고 배제하면서 여권 운동을 하는 건 모순이라고 생각한다.

11. <u>미러링, 탈코르셋, 난민 반대, 퀴어 축제 보이콧, 성체훼손 모두 충분히 그동안 일어났어야 하는 행동을 한 번에 보여준 것이라고 생각한다.</u> 사회적으로 존재하는 불평등에 대해 위마드가 각각 사건을 터트림으로써 일반 여성들에게도 성차별에 대한 문제 인식을 가능하게 해주었다고 본다.

12. <u>미러링과 탈코르셋은 일부 지지하지만, 그 외의 활동에는 동의하지 않는다.</u> **미러링**은 실제 범죄 피해자가 없고 원본이 존재하는 상태에서 할 경우에 미러링이라고 볼 수 있다. 최근 일베 회원의 여성노인 신체 불법 촬영 및 유출 사건을 예로 들 수 있다. 사건이 발생했으나 언론과 경찰은 홍대 불법 촬영 때와 확연히 다른 온도차로 주목조차 하지 않았다. 그러자 위마드 회

원은 미러링으로 가짜 인증 글을 올리는 전략을 취했고 이 방법은 통했다. … **탈코르셋**은 필요하다. 그러나 타인이 탈코르셋을 실천하지 못한다는 이유로 비방을 할 순 없다. 애초에 개인을 옭아매는 집단의 규정이 코르셋으로 작용하기 때문이다. 진짜 탈코르셋을 원한다면 다른 여성을 단백질 히잡, 남자 친구의 예쁜 애완 여자 친구, 흉자 등으로 비하할 것이 아니라, 회사나 학교 등의 사회 집단에서 여성에게 강제하는 코르셋을 없애길 요구해야 한다.

워마드의 **난민 반대** 움직임에서 굉장히 유감이다. 기존에 난민과 외국인 노동자 반대 움직임은 기독교, 극보수 단체를 중심으로 발생했다. 이들의 중심 논리는 '자국 여성을 성범죄로부터 지켜야 한다.'는 논리로 민족주의, 비유럽 · 북미권 혐오, 여성 혐오(여성을 2등 시민으로 보호 받아야 하는 존재로 간주함) 등의 문제를 가지고 있다. 이런 논리를 워마드에서 거의 흡사하게 수용했다. 극단적인 집단은 정치 성향을 떠나서 주장하는 논리 맥락이 매우 흡사한데, 그 사례를 워마드로 들 수 있다. 이들은 여성 우월주의를 주장하는데 '진정한 여성'을 주장하는 과정에서 극보수 집단이 주장하는 여성상과 거의 비슷한 흐름을 따라가고 있다. … 또한 (거짓 뉴스 등을 퍼트리는) 워마드의 난민 반대 움직임을 지켜보면서 저들은 환상 속의 '정상 여성'을 만들어서 그 외의 존재는 여성이 아니라고 받아들인다고 느꼈다. 난민이 타국에 입국할 경우 자국 여성보다 난민 여성들이 훨씬 성범죄의 위험에 노출된다. 그러나 워마드에선 이러한 사실을 외면하고 알리지 않았다. 오로지 이슬람교의 성차별적인 모습을 알리며 그들의 혐오를 정당화하는 데만 집중했다.

13. 워마드의 전략은 여성에 대한 이해로부터 출발하지 않고 남성의 여성 공격이라는 외부적 상황에 지나치게 치중한다. 물론 여성 내부와 외부의 상황들은 복합적으로 연결되기에 구분하기 어렵지만, 무엇이 여성이 진짜 원하는 것인지를 여성이 외부로부터 받는 자극에 어떻게 반응하는지와 혼동하고 있는 것 같다. **미러링**, **탈코르셋**, **난민 반대**, **퀴어 축제 보이콧**, **성체 훼손** 등은 모두 외부의 남성 행동에 대한 거울 보여 주기, 외부 남성의 여성 성적 대상화에 대해 대응하기, 외부 이슬람의 남성 세계관에 대해 반대하기, 게이 남성의 여성 혐오에 대해 보이콧하기, 기독교가 눈감아 주고 있는 남성의 성모 마리아 모독과 남성주의적 세계관에 대해 칼질하기를 보여 주고 있다. 나는 방향이 잘못되었다고 생각한다. 남성에 대해 반응하기로서 전략을 쓸 것이 아니라 여성이 무엇을 원하는지 보아야 한다. 예를 들어 성적 대상화의 경우 남성이 A옷을 성적 대상화하니까 A옷을 입

지 말아야 한다는 방향으로 가는 것이 아니라 여성이 A옷을 입기를 원하니까 A옷도 입을 수 있게 만들어야겠다는 방향으로 움직여야 한다는 것이다.

14. 지금까지 남성들의 여성 차별적인 행동을 공론화하는데 중요한 역할을 했지만, 반사회적인 행동과 혐오를 계속한다면 성평등 운동의 발목을 잡기만 할 뿐이라 생각한다. 페미니즘 운동은 여성 '인권' 운동인데, 여성 인권을 높이기 위해 타인의 인권을 저해할 수는 없다. 페미니스트들은 여성의 인권과 다른 무언가(특히 다른 계층, 집단의 인권)을 대결 구도로 프레이밍 하는 것을 극도로 배척해야 함에도 불구하고 워마드는 그렇지 않았다. 워마드의 초기 행동은 남성 위주의 사회가 권력을 매개로 여성을 차별하는 구조 때문에 정당화되었던 것이다. 그러나 여성보다 상대적으로 더 소수이고 약자인 난민, 성소수자를 압박하는 행동은 지양해야 한다고 생각한다. 그들이 어떤 이상을 추구하는 것인지 밝히고 그에 걸맞은 행동을 하지 않는다면 일베와 동일선상에 놓일 뿐이라고 생각한다. 그러나 미러링, 탈코르셋은 일반적으로 남성위주의 사회와 사상, 생활양식에서 벗어나기 위한 운동의 일환이라 생각한다.

15. 미러링이 워마드의 전략이라는 것은 단순 헤게모니적 다툼에 불과하다. 미러링을 과연 워마드의 전략으로 볼 수 있는가? 메갈리아의 탄생과 행보부터 한국 사회에서 미러링은 효과적인 전술로서 사용되었다. … 워마드의 미러링 전술은 그저 폭력성의 강조 그 이상도 이하도 아니다. 탈코르셋은 응시와 타자의 욕망에 대한 탈피라는 점에서 긍정적이다. 그리고 타자에 대한 공포는 비단 여성들만의 문제가 아니라 전 세계, 모든 사람이 공통적으로 겪고 있는 불안감과 공포다. 이곳에서 여성이 난민 남성에 대한 공포를 강화해서 느낀다는 지점은 이해하지만, 그러한 난민의 공포를 이용하는 방식은 저열하다. 가짜 뉴스를 만들고, 언론의 뉴스를 교묘하게 짜깁기 하는 방식이 워마드의 '전략'이나 '운동'이라면 어떤 부분에서도 좋은 평가를 내릴 수 없다.

16. 미러링과 탈코르셋 같은 경우 한국 남성들의 사고방식에 틈을 내고, '아 우리가 지금까지 해온 말과 행동들이 저들에게 이런 압박과 피해를 주었겠구나'를 역으로 깨닫게 해줄 수 있는 자극제가 된다고 생각한다. 지금까지 사회적으로 통용되었던 여성 혐오와 비하의 문구와 영상들 속에서 단순히 남녀의 주어만 바꾸었을 뿐인데, 여성들은 그걸 지금까지 겪으며 살아

왔는데 그것을 잠깐 '미러링'한 것만으로도 달려들어 비판하는 남성들을 보면서 우리 사회가 아직도 한참 멀었구나 하는 생각을 한다.

17. 찬성과 지지를 넘어서서 옳다고 생각한다. 미러링 없이 한국 사회에 페미니즘을 이토록 부상시킬 수 있었으리라 생각하지 않는다. 실제로도 미러링 전략을 들고 나선 웹 페미니스트들이 활동하기 전까지 페미니즘은 학계에서만 거론하는 보이지 않던 존재였다. … **미러링**이 페미니즘 논의의 시작이자 중심이라 생각하고, 그 미러링 덕분에 수많은 여성들이 외모 콤플렉스, 섹스 경험에서 비롯된 죄의식과 자기비하, 여성이라 당했던 온갖 후려치기들에 매몰되지 않고 벗어날 수 있었다. 갈보, 보라니, 보징어, 걸레, 창녀 등의 욕들에 대해 그 전처럼 경기를 일으키며 놀라고 상처받지 않게 변할 수 있었다. … 미러링의 일차적 효과는 여자들의 사고방식 전환이라고 생각한다. '자 봐, 우리도 욕할 수 있고 그렇게 욕하면 남자들이 지금껏 모멸감에 떨어온 우리처럼 충격을 먹지?' 성에 관한 욕설이 이렇게 하찮은 거였다는 걸 보여 주면서 혐오 표현에 두려움만 느껴 반박하지 못하던 여성들을 변화시키는 데 미러링만한 방법이 없다. '남자를 감히 여자가 욕할 수 있다, 그것도 성기를 지칭하는 19금적인 저속

한 표현들을 이용해서' 라는 사실 자체가 여자들에게 얼마나 큰 정신적 충격과 해방감을 주는지 그리고 그 충격을 딛고 일어난 여자들이 얼마나 강해지는지가 중요하다고 본다. 그리고 남자들이 이제껏 여자들에게 해온 여성 혐오들을 열거하기만 해도 남자라는 존재에 대한 분노와 혐오가 동시에 일어난다고 생각한다. 같은 인간이라고 믿기 힘든 그들의 지독한 여성 혐오의 역사는 여성들의 남성에 대한 혐오를 일으키고 그 혐오로 인해 가부장제로부터 탈피할 원동력을 갖게 된다고 본다.

　　마지막으로 도덕은 여성들의 족쇄였다. 남자들은 여자들의 말을 무시하기만 했고 이에 행동으로 무언가를 보여 주려고 하면 도덕을 들이대며 옴짝달싹 못하게 만드는 수법은 클리셰나 다름없을 정도다. … 워마드는 여성의 권력향상을 논하지 여성주의적 가치라는 학문적 가치는 신경 쓰지 않는다. 워마드는 도덕적인 방식으로 전개해 온 여성주의 운동이 별 소득을 거두지 못하고(도덕적 운동은 무능하므로) 현실에서의 핍박이 거세지자(8090년생 남자들의 여성 혐오-일베-와 여성 대상 범죄의 급상승) 숨이 막히기 직전에 도덕을 버리고 등장한 여성만 챙기는 사이트다. … **탈코르셋** 논의를 끌어올리는 건 시간 싸움이었지만, 이를 탈코르셋 운동이라 불릴 만큼 널리 확산시킨 건 놀라웠다. 워마드가 논쟁을 일으키고 10대를 주축으로 한 트위터 페미니스트들의 실제 인증 사례들이 퍼지면서 자극받아 확산된 것이라 생각한다.

성체 훼손이라 거창하게 이야기하는 빵 조각을 태운 사건도 우습다. 마녀 사냥이라는 명목으로 죄 없는 여성들을 고문하고 집단 살해하며 그들의 부를 빼앗은 과거는 어물쩍 넘어간 그 천주교가(죄를 인정하지 않을 경우 여성을 발가벗긴 후 여성의 성기에 창을 꽂아 죽였던 그 천주교가) 여성 한 명이 빵 조각 하나 태웠다고 좌시하지 않겠다, 교단에 이르겠다, 하며 날뛰는 모습은 개돼지 같았다. 그들이 벌였던 마녀 사냥으로 인해 수많은 여성들이 강간을 당하고도 침묵해야 했으며 살기 위해 억지로 결혼을 당하고 재산을 빼앗겼는데. 사랑과 용서의 종교라 자칭하더니 그들의 행동과 발언 그 어디에서도 사랑, 용서, 자비를 찾아볼 수 없었다.

18. 미러링 취지에는 공감한다. 그동안 여성 혐오 표현을 정화하려는 노력이 미비했는데 그에 대한 반발 현상이라고 생각한다. **성체 훼손**에 대해서는 신성 모독이 범죄라는 걸 애초에 인정하지 않는 편이라 문제라고 생각하지 않는다. 천주교 등 종교 단체에서 낙태 반대, 동성애 반대, 남녀 차별, (최근에는) 아동 성폭행을 은폐하려는 모습을 보여 실망스러웠던 찰나에 내

심 만족스러운 행보였다. **탈코르셋**은 숏컷 등 중성적인 모습으로만 규정한다는 것에 의문이다. 자기 스스로 외모를 선택하는 게 포인트 아닌가? 왜 또 다른 코르셋을 만드는지 이해가 가지 않는다. **퀴어 반대**에 대해서는 전혀 공감할 수 없다. **난민 반대**에 대해서는 이해한다. 현재 무슬림 국가 전반적으로 여성 인권이 좋지 않은데 갑자기 밀려온다고 생각하니까 불안감 들 수 있다. 결국 우리 사회에서 성범죄 예방/교육/처벌하는 시스템이 미비한 게 문제라고 생각한다.

19. 미러링의 경우에는 워마드의 전략이기보다는 메갈리아의 전략이라고 보는 것이 옳을 듯하다. 기존에 메갈리아가 시작했던 미러링과 달리, 현재 워마드가 하는 '워마드식 미러링'은 때로는 상대적으로 약한 상대를 공격하는 형태를 취하고 있어서 매우 위험하다고 생각한다. 기존에 '한남'이라는 단어를 만들어내면서 남성 권력 전체를 향하는 것은 메갈리아의 방식이었다면, 워마드는 그 남성 권력 안에서 게이나 FTM 트랜스젠더, 그리고 때로는 남성 아동을 따로 분리해서 공격하는 방식을 취하고 있다. 이것은 워마드가 시스젠더 이성애자 여성만을 이 사회의 약자로 규정하겠다고 하는 입장임을 보여 주는데, 비혼을 주장하면서 게이가 결혼제도에 위협이 된다는 논리가 등장하

며, FTM이 여성 젠더를 수행하려고 하는 것을 '여성을 희화화한다'고 하는데 그 사고방식 자체가 굉장히 혐오적인 지점이라는 것을 놓치고 있다고 생각한다. 더 나아가서 남성 아동을 공격한 방식은 한국 사회가 아동혐오가 심각한 것을 그대로 답습한 것을 보이며, 이 사회는 어떠한 진공 상태로 존재하는 것이 아니라 다양한 결이 교차하는 지점이 있고, 따라서 소수자로서의 교차성을 가지는데 '생물학적 여성'만을 여성으로 인정하겠다는 기치를 끌고 가는 것은 더 이상 페미니즘적인 움직임이라고 볼 수 없었다.

　워마드의 **탈코르셋 운동**에 대해서는 이것이 생물학적 여성이면서 동시에 이성애자인 여성들의 집합이라는 것을 크게 드러내는 계기가 되었다고 생각한다. 그 취지 자체에는 동의하지만, 이것이 전개되면서 보이는 폭력성에 대해서 재고하지 않으면 위험해질 수도 있다고 생각한다. 이것은 **난민 반대**와 연결되는 지점도 있다고 생각하는데, 현재 워마드에서는 긴 머리를 '단백질 히잡'이라고 부른다. 그런데 이것은 종교적인 맥락과 프랑스에서 히잡을 공공장소에서 금지하는 제노포빅한 행동을 하면서 이것이 마치 페미니즘적인, 여성 해방적인 측면이 있다는 듯이 행동을 했던 그 위선을 그대로 답습하는 것으로 생각한다. 워마드가 페미니즘 내의 교차성에 대해서 진지하게 재고해 보지 않으면 내부에서 끊임없이 사람을 걸러내며 결국에는 여성 우파로밖에 성장할 수 없을 것이라는 생각을 했다. 그리고 워마드의 한 회원이 **성체를 훼손**한 것에 대해서는, 개인적으로 나는 기독교인인데 신은 그 여성에게 '왜 그랬는지'를 물어봤으면 봤지 그를 심판하려고 하지는 않을 것이라는 확신이 든다. 다만 이 사건은 사회가 이때까지 성직자들의 성폭행 사건에는 그렇게 관대했으면서 여성이 상징적으로 한 작은 행동에 대해서는 극도로 예민해진다는 것을 드러내는 계기가 되었다고는 생각한다.

20. 미러링에 대해서는 전적으로 지지하며, 탈코르셋의 전반적인 논지에 대해서도 이해하고 지지한다. 그러나 탈코르셋이 외모나 외적으로 드러나는 것에 기준을 맞춰서는 안 된다고 생각한다(내면적으로 자기검열이나 자기억압으로부터 벗어나는 마인트 탈코르셋이 중요하다). **성체 훼손**에 대해서는 방관하는 입장이다. 종교나 개인의 믿음에 대한 권리도 소중한 권리이지만, 지금까지 종교(특히 기독교)의 이름으로 여성들이나 소수자들에게 가해진 폭력의 역사가 '성체 훼손'의 수준을 훨씬 넘어선다고 생각한다. 이를 두고 비판하고 욕을 하는 사회의 반응은 소위 '밸런스 붕괴'라고 생각된다. 워마드의 퀴어 혐오에 대해서는 반대하는 입장이다. 단기적으로는 생물학적 여성과 여성이 아닌 사람

을 나누는 것이 효과가 있을지도 모르지만, 깊이 생각해 보면 결국 이렇게 선을 긋는 것이 여성주의 운동의 궁극적인 목표가 아니기 때문에 이 입장을 길게 가져갈 수는 없을 것 같다. 그리고 그 과정 속에서 소외받고 상처받는 사람이 생겨난다는 점을 생각하면 이 입장을 전적으로 지지할 수 없기에, 보완된 전략이 나왔으면 하는 바람이다.

21. <u>미러링과 탈코르셋 운동은 의미 있는 운동이라고 생각한다.</u> **미러링** 과정에 대해서는 의견이 분분하지만 실질적으로 미러링을 통해 페미니즘이라는 화제를 환기시킨 효과가 매우 크다고 생각한다. **탈코르셋 운동**도 여성들을 꾸밈노동에서 해방시키는 데 중요한 전략이라고 여겨진다. 다만 이것을 수단으로 약자를 혐오하거나 현실적인 이유로 꾸밈 노동을 벗어날 수 없는 여성들을 배제하고 비난하는 것에 대해서는 늘 경계해야 한다. **퀴어 축제 보이콧**도 게이들에 의한 여성 혐오를 바탕으로 시작된 운동이라 취지와 의의는 어느 정도 인정하지만 이 운동이 전면적인 퀴어 부정으로 넘어가는 것에 대해서는 부정적이다. **난민 반대** 운동에는 부정적이다. 난민 문제는 젠더뿐만 아니라 국제 권력 문제와 이주자와 시민권 문제 등 다양한 층위가 겹쳐져 있는 문제인데 워마드가 추진하는 난민 반대 운동은 젠더 문

제에만 초점을 맞춰서 지나치게 평면적으로 접근하고 있다. 이것은 사회적으로 보호받아야 할 약자인 난민을 오히려 배제시키는 결과를 초래한다고 보기에 반대한다. **성체 훼손** 문제는 본인이 기독교인이 아니라 잘 모르겠지만, 오랫동안 가부장제의 사상적 뿌리이자 상징으로 작용했던 기독교에 대한 반발이라는 점에서 이해는 간다.

결론을 말하자면 워마드가 하는 운동에 대해서 모두 긍정하는 건 아니지만, 워마드의 의의는 사람들의 공감을 얻는 데 있는 게 아니라 파격적인 운동을 통해 우리 사회에 굳어져 있던 권력 관계를 자꾸 깨부수는데 있다고 본다. 그래서 워마드가 하는 저항 운동이 남성이나 종교 등 기득권을 향하는 것인 한 긍정적으로 바라보는 편이지만, 난민 반대 운동이나 퀴어 혐오같이 사회적 약자에게 화살이 돌아가는 것에는 반대한다.

3. 온라인에서의 여성 활동이 혜화역-광화문 시위로 이어진 계기나 동력은 무엇이라고 보는가?

- 대표적으로, 여성 억압의 경험, 온라인에서 여성 혐오와 차별의 경험 공론화, 워마드 등 여성 사이트 활동을 통한 여성들의 각성, 강남역 살인 사건과 홍대 불법 촬영 편파 수사, 현실 변화를 위한 실천과 연대의 중요성 인식 ⋯ 등이 있다.

1. 한국에서 온라인은 누구나 쉽게 접근할 수 있는 공간이다. 워마드를 비롯한 여러 여초 사이트에서는 한국 사회에 존재하는 여성 문제에 대해서 많은 토론을 하고 있다. 이것은 90년대 넷페미의 발전 양상은 물론이고, 미국의 70년대 중후반에 있었던 여성주의 운동의 담론 형성 과정과 거의 동일하다. 여성주의에 대한 지식이 있는 여성도 있고 없는 여성도 있지만, 여성 개인들은 한국 사회에서 여성이라는 성별로 태어나 겪은 삶에서 완전히 같은 경험을 공유하고 있다. 그러나 한국에서는 오프

라인 상에서 여성이라는 이유만으로 겪어야 했던 일들을 언급하는 것에 대한 사회 전반적인 억제력이 있다. 여성들은 오프라인에서 마음 고생을 하며 침묵하다가, 비로소 온라인에서 자신의 일상에 대해서 이야기하며 서로 공감하고 위로도 하면서 연대감을 형성하게 되었다. 온라인 공간은 여성들이 그 어디에서도 심지어 가족에게서도 이해받지 못했던 자신의 경험, 생각, 감정들을 공유하고 이해할 수 있었던 장소였기 때문이다. 그리고 그 공간 안에 있는 많은 여성들이 수다한 토론을 거쳐 시위를 해야 즉, 자신들이 여성이라서 겪고 있는 차별과 불합리한 상황을 직접 나서서 바꿔야 한다고 마음먹게 되었다. 이후, 실제로 시위에 참여하면서 형성된 연대감을 통해 더욱 그런 다짐이 굳어지게 되어 지속적으로 사회 문제 해결을 위한 직접 참여로 이어지게 되었다고 생각한다.

2. 첫 번째 동력은 그 무엇보다 모든 한국 여성이 공감하는 억압의 경험이라고 생각한다. 여성 혐오라고 하는 단어를 알기 전부터 반복적으로 느꼈던 만연한 성차별이 온라인이라는 문턱을 넘어 다수 여성의 공감대로 작용했을 것이다. 그 과정에서 워마드는 그 일상적인 차별의 경험을 공유하고 문제를 제기하는 장으로서 역할을 했다. 혜화역-광화문 시위가 단순히 워마

드의 순차적인 활동 전개의 일환이었다기보다 불법 촬영 편파 수사에 대한 분노 표출의 성격이 강했다는 점도 억압의 경험에 대한 공감대가 동력이 되었다는 것을 알 수 있다.

두 번째로는 워마드의 미러링 발화 효과이다. 놀이로서의 미러링과 남성패기는 그 언어를 사용하는 여성들에게 남성의 언어 권력에 대항할 수 있다는 의식의 전환을 가져올 수 있었다. 현재 '한남', '꼬무룩' 등의 단어는 워마드뿐만 아니라 다양한 온라인 커뮤니티, 오프라인에서도 사용된다. 언어의 수용자가 많아졌다는 것은 일정 부분 워마드가 추구하는 가치의 수용자가 많아졌다는 것을 보여 준다. 전에 '김치녀', '된장녀' 등의 단어가 사회 전반에서 사용되며 여성 혐오의 풍조가 만연했던 것처럼 이제 미러링 단어와 조롱하는 표현을 통해 소위 '남자다움'을 경계하는 사회 분위기가 조성되었다. 또한 실제로 남성 권력에 대응할 수 있었던 상황을 마주한 여성은 그 경험을 바탕으로 시위를 통한 의견 표출이 의미 있다고 믿게 되어 오프라인 시위 참여로 이어졌다고 생각한다.

3. 개인적으로 강남역 살인 사건보다 홍대 몰카 사건을 처리한 방식에 대해 주변 남자들도 약간 의아한 반응을 보였다는 것을 느꼈다. '아 우리 사회가 확실히 남자의 성범죄에 관대

하구나'를 느끼게 한 사건이라고 생각한다. 숨어있는 구조적 차별(예를 들어, 고용이나 임금 차별)은 사실 능력에 따른 것이라고 반박될 여지가 있지만 몰카 범죄에 대한 대응은 너무나 적나라했다. 풀어서 말하자면, 더 많은 사람들이 어렵지 않게 공감을 얻을 수 있는 문제가 불거지고 그것이 발판이 되어서 오프라인 시위가 가능했다는 생각이 든다. 솔직히 페미니즘 이슈에 대해서 말하고, 그런 시위에 동참한다는 것이 당위가 분명하지 않고서는 공개적으로 목소리를 내기 어려운 점도 있다. (특히 기혼자의 경우) 괜히 싸우기 싫은 것도 있고, 의외로 납득을 못하는 배우자의 모습에 스스로 실망하거나 화나는 상황을 피하고 싶어서 이런 문제를 안 건드리게 되는 측면도 있다.

4. '홍대 몰카' 사건을 비롯한 여러 사건들을 계기로 터진 여성들의 분노가 오프라인 시위로 이어졌다고 본다. 그리고 오프라인 시위가 지속적으로, 점점 더 큰 규모로 이루어질 수 있었던 데는 오프라인에서 자신이 페미니스트임을 공공연히 드러내고(물론 아직 마스크와 선글라스를 착용하지만) 페미니스트로서 목청껏 구호를 외칠 수 있는 경험이 여성들에게 가져다 준 해방감에 있다고 생각한다. 마음이 맞는 친구들이 아니고서는 아직도 나스스로가 페미니스트임을 밝히기 어려운 사회적 분위기 속에

있다 보니, 온라인상에서는 활발히 개진할 수 있는 나의 의견도 실제 오프라인의 대화에서는 쉽게 꺼내기 어려운 것이었다. 이런 상황에서 오프라인에서 이루어지는 시위에 참여했던 경험은 여성들에게 큰 해방감을 가져다주었고 그것이 시위를 지속적으로 참여하도록 만드는 하나의 원동력이 되었다고 본다.

5. 몰카와 같이 직접적인 위해를 가하는 성범죄에 대한 여성들의 분노와 이를 방관할 뿐만 아니라 일부 동조하고 있는 공권력에 대한 분노에서 비롯되었다고 생각한다. 그동안 여성들이 맞서고 있던 여성 혐오가 추상적인 형태를 띠었다면, 아주 구체적이고 현실적일 뿐만 아니라 여성들에게는 상상하기 어려운 '극악무도'한 성범죄들이 남성들에게는 보편적인 문화라는 사실이 충격으로 다가왔던 것 같다. 여성이 가해자인 성범죄는 즉시 강력한 처벌이 뒤따르는 반면에 남성이 가해자인 대부분의 성범죄 사건들은 제대로 다루어지지도 않는다. 공권력이 여성들을 보호하지 못하고 오히려 남성 중심의 문화를 수호하는 데 앞장서고 있다는 사실에 대한 분노와 언제든 나도 피해자가 될 수 있다는 두려움이 오프라인 시위의 동력이 되었다고 본다.

6. 성차별에 대한 분노와 몰카에 대한 두려움이라 생각

한다. 언론에서 수많은 남자들의 성범죄를 덮고 소수의 여자들의 범죄를 크게 다루었기에(남자 선생이 초등학교 여학생과 성관계를 갖고 임신시키는 등의 일들은 조용히 지나가면서, 여자 선생이 초등학교 남학생과 성관계를 가진 건 엄청나게 심각한 죄라고 난리 치며 국민 심판을 유도하는 등), '세상에는 이상한 남자만큼 이상한 여자도 많다, 모든 남자가 그러는 건 아니다.'라는 생각이 보편적이었다고 본다. 동시에 극악무도한 죄를(여성 토막 살인, 여성 연쇄 살인 등) 저지른 남자들을 악마화해 보도함으로써 잠재적 피해자인 여자들에게 피하기에 급급한 분위기를 조성했던 점도 여성들의 무력감에 일조했으리라 짐작한다. 하지만 메갈리아 이후 터져 나온 각종 수치와 통계(가정 폭력 50%, 성매매 50% 등)를 보고, 피해자들로부터의 증언을 듣고, 성범죄 기사들에 보력을 가게 되면서 세상은 남자를 보호하기에 바쁘다는 사실을 깨달았다(현실 직시). 또한 소라넷 폐지 이후로도 광범위하게 퍼진 몰카 영상들, 흔한 몰카 범죄들에 대한 안일한 대처들(온갖 이유를 대며—깊이 반성하고 있다, 초범이다 등의 이유를 거론하며—내주는 집행유예 판결)에 분노가 쌓이다가, 여자가 남자를 몰래 찍은 홍대 사건에 경찰의 믿을 수 없을 만큼 빠르고 과도한 추적 및 언론 플레이를 보자 폭발했다고 생각한다. 지난 몇 년 간 남자들의 몰카 범죄는 그렇게 손쉽게 넘어가고 수사도 제대로 안 해온 대한민국이 여자가 남자를 대상으로 몰카를 할 경우에는 온 나라가 나서서 여자를 벌주려 한다는 사실을 적나라하게 직시한 사건이니까. 고작 남자 알몸 사진 하나로 저렇게 심각하게 나오는 경찰들이 지금껏 수많은 여성들의 섹스 몰카 동영상 및 화장실 몰카 영상들에는 귀찮아하며 대충 처리했다는 게 명백하게 보였고, 이를 깨달은 여성들은 분노하지 않을 수 없었다. 동시에 다른 범죄들이나 일상에서도 같은 죄를 저지를 경우 여성에게만 과도하게 과중처벌이 내려진다는 걸 목격한 것이니까. 이런 사실을 아는 사람들은 다들 알아왔지만, 하필 몰카 범죄에 대해 대중적인 여성들의 불안과 두려움, 분노가 쌓이고 쌓였던 순간에 보란 듯이 남자가 아닌 여자 몰카범 하나만을 과중 처벌하는 꼴을 당당히 자랑한 정부 탓에 벌어진 시위나 다름없다. 성범죄를 당한 여성들과 당했는지 조차 제대로 파악하지 못해 두려움에 떠는 여성들을 무시한 행위였고, 대놓고 몰카 범죄는 여자만을 엄히 처벌할 것이라는 메시지를 보낸 행위였으니까. 이를 읽어낸 여성들은 길거리로 나올 수밖에 없었다고 본다. 또 그런 일을 벌인 게 하필 자칭 '페미니스트'라 주장하는 대통령 집권 시기였고, 그 '페미니스트' 대통령이 몰카 범죄 수사에 있어서 성차별이 없다고 우긴 시점과 맞물려 그를 믿었던 여성들의 배신감도 한몫했다. 한국 역사상 유례없는 여성들의 대규모 시위를 보고도 정신 못 차린다면(못

차렸겠지만) 이 나라에 남는 건 멸종뿐일 것이다.

7. 여전히 남성 중심적으로 돌아가는 세상에 느끼는 분노인 것 같다. 일베를 비롯한 수많은 남초 커뮤니티에서 고인을 모독하는 글을 써도, 온갖 종류의 성희롱, 성적 대상화, 여성 혐오의 글을 올려도, 여성을 도촬한 불법 촬영물을 아무렇지도 않게 올리고 웃어도, 워마드가 공론화되는 것만큼 수면 위로 떠오르지 않는다. 워마드라서 그런 것이 아니다. 여성 커뮤니티라서, 여성이 쓴 글이라서, 단지 여성이 한 행동이라서 그렇다. 대상이 여성이기에 대중은 비난하며 더 큰 관심을 보인다. 심지어 페미니즘은 정신병이며, 여성 우월주의이며, 남성 혐오를 부추기며, 성 갈등을 조장한다며 워마드를 비롯해 다른 페미니스트들조차 혐오집단으로 낙인찍는다. 거울이 아니라 원본을 보라고, 억압과 차별을 보라고 소리치는데도 대중은 거기에 집중하지 않는다. 그럴 필요성을 느끼지 못하니까, 그럴 생각이 없는 것이다. 대중에겐 여성의 분노와 혐오의 원본보다도 동물을 잔인하게 학대하고, 안중근 의사와 같은 위인을 조롱하고, 고인을 모독하는 여성이라는 이미지가 더 중요하기 때문이다. 홍대 누드 크로키 사건의 신속한 수사, 안희정 성폭행의 무죄 판결 등 편파적인 대응이 온라인에서의 여성들의 분노를 오프라인으로 이어지게

했다고 본다.

8. 2008년 촛불 집회의 흐름과 유사하다고 생각한다. 온라인일수록 정보는 빠르게 퍼진다. 특히 현재 2018년은 스마트폰과 PC 보급이 10년 전보다 많이 이루어졌기 때문에 파급력은 더 높아졌다. 온라인에서의 여성 활동은 물이 0도에서 99도까지 끓는 과정이라고 본다. 2015년부터 여성들은 메르스 갤러리를 통해 기존 사회의 성차별은 잘못되었고 당연한 게 아니란 걸 깨닫기 시작했다. 각자의 경험을 공유하면서 페미니즘은 일부 사회 운동가만 주장하는 게 아닌 모든 시민들의 기본 상식이란 걸 알게 된다. 수많은 정보들을 주고받으며 여성들의 생각은 점차 달라지기 시작했다. 온라인 활동은 0도의 물에 불을 올리는 역할을 했다. 이렇게 99도까지 끓다가 어느 사건을 계기로 마침내 100도에 이른다. 100도에 이르는 순간 여성들은 거리 밖으로 나와 시위를 한다.

9. 우리나라 사회 시스템에 대한 불신이 가장 크다고 본다. 오랫동안 이루어졌던 젠더 사이드나 여성에게 적대적인 사회 분위기로 여성들의 불만이 점점 쌓이고 있었는데, 강남역 살인 사건 이후로 여성들은 봇물 터지듯 자신이 받아 왔던 차별과

경험담을 공유하기 시작했다. 그동안 개인의 불행으로 치부되었던 차별들이 공론화되면서 여성들은 자기들에게 불리한 사회적 환경을 확실히 인지했고, 그 위에다 불법 촬영과 성폭력 가해자들에 대한 솜방망이 처벌 사례가 줄지어 나오면서 우리나라 사회 시스템에 대한 신뢰를 완전히 잃었다고 본다. 그래서 이 문제가 온라인에서 개인 경험을 공유하고 댓글로 위로 받을 수준이 아니라 사회적인 액션이 필요하다고 생각하고 많은 여성들이 시위에 참여했다고 생각한다.

10. 강남역 여성 살인 사건 이후로 여성들이 언제든지 자신이 여성 혐오의 희생자가 될 수 있다는 것을 각성한 상태에서, 끊임없이 이어지는 온라인상에서의 여성 혐오와 남성 혐오의 대립 끝에 여성 스스로가 자신들의 목소리를 내기 위해 직접 현장에 나오게 된 것이라고 생각한다. 온라인상에서 자신들의 목소리를 내는 여성들을 낙인찍고 '도태녀', '메갈녀', '웜충', '페미는 지능의 문제' 등의 언어 폭력에 시달리던 여성들이 더 이상 자신들은 온라인 속의 소수가 아니며 현실을 살아가고 있는 평범한 여성임을 스스로 드러내고, 함께 목소리를 내면서 기성 가부장적 사회와 그들을 낙인찍는 남성들에게 항의하고, 여성들에게도 충분한 힘이 있다는 것을 보여 주려 했다고 생각한다. 다

만, 그들의 모습이 아직 기존 남성 중심의 권력들에 비해 힘없는 정어리 때들이 큰 포식자에 대항하기 위해 옹기종기 모여 있는 듯한 모습이어서 개인적으로 마음이 아프다.

11. 내 생각엔 많은 여성을 페미니즘의 길로 들어서게 한 대표적인 사건이 둘 있는데, 하나는 강남 살인 사건이고 다른 하나는 홍대 몰카 사건이다. 지금까지 몰카 문제로 시달리는 여성에게는 해외 서버이기 때문에 유포자를 찾을 수 없다고 하다가, 남성이 피해자가 되자 바로 유포자가 체포됐다. 이러한 이중적 태도가 너무나도 명확하기에 수많은 여성들이 혜화를 찾아왔다. 그 이후에 변화가 일어나길 바랐지만 대통령의 발언은 불난 데 부채질한 격이었다. 여성들의 인권에 대한 항의를 '원한' 정도로 치부했고 편파 수사는 없었다며 모든 여성이 겪고 있는 공포와 차별을 부정했다. 이러한 정부의 비상식적이 행보에 대한 저항이 바로 편파 수사 반대 시위로 이어진 것 같다.

12. 어떤 특정한 단체나 운동의 영향으로부터 파생된 결과라기보다는 사회적 역사적으로 계속해서 억압되어 온 여성들의 목소리가 터진 것이라고 본다. 정당한 분노의 표현으로 사회적인 참여 행위를 통해 구조적 문제를 적극적으로 변화시키

기 위한 노력 중 하나라고 본다. 더 이상 참을 수 없고 더 이상 조용히 목소리를 내는 것으로는 변화 될 수 없음에 공감하는 여성들의 연대의식이 이루어낸 결과라고 생각한다. 또한 이런 사회적 분위기는 메갈리아에서 미러링 전략을 취한 후 페미니즘에 대한 대중적 관심이 급격하게 증가한 것을 무시할 수 없다고 생각한다.

**4.   페미니즘에 대한 반대 기조가 형성되는 상황에서,
그에 대한 대응책이나
효과적인 여성주의 전략은 무엇인가?**

1. 상대방을 설득하는 문제에 대해 지나치게 걱정하고 인식의 변화와 같은 장기적인 대책을 이야기하기보다는 현 상황에서는 여성들이 더 큰 목소리를 낼 수 있도록 격려하는 것이 중요하다고 생각한다. 여성주의 운동에서 더 뼈아픈 때는 남성이 반대의 목소리를 내는 것보다 여성이 여성주의에 대한 인식 없이 반대의 목소리를 내는 때이다. 워마드가 택하는 전략들이 점점 극단적으로 변해가고 있다(심지어는 여성 인권에 관심이 많은 여성들에게도 특정한 운동에 참여하지 않는 것에 대해 심하게 비난하는 등, 여성들을 포용하기보다는 배척하는 모습을 보이고 있다). 사회 전체를 설득할 수 있는 방법을 묻기 이전에 여성들을 설득하고 포용할 수 있는 방법을 고민하는 것이 우선이라고 본다. 획일적이고 과격한 여성주의가 아니라 다양한 여성을 받아들일 수 있는 (적어

도 여성에게는) 조금 더 부드러운 여성주의의 노선을 택할 필요성이 있다고 생각한다. 여성주의 안에서 토론이 이루어지고 다양한 목소리가 들리게 된다면 자연스럽게 사회를 설득할 수 있는 여성주의의 길로 나아가는 저력이 생길 것이라고 본다.

2. 개인적으로 가장 이상적인 방향은 워마드의 가치를 공유하면서도 대중에게 공감대를 가져올 수 있는 또 다른 플랫폼이 등장하는 것이라고 생각한다. 워마드의 행보는 (그들이 주장하는 것처럼) 여성 운동으로 사회적 이슈를 불러오고 이목을 집중시키는 데 효과적이다. 하지만 그렇기 때문에 행동 자체를 넘어서 행동의 목적, 가부장제라는 정확한 공격 대상을 보기 힘들다. 때문에 좀 더 대중적으로 수용 가능한 범위 내에서 행동을 전개해 갈 수 있는 집단이 있어야 한다. ⋯ 현재 워마드의 혐오 전략에서 가장 위험하다고 생각되는 부분은 (온라인 중심으로 집약적이고 빠르게 활동이 전개되다 보니) 오프라인 대중의 수용력에서 점점 멀어지고 있다는 점이다. 이는 온라인을 사용하지 않는 여성 대중의 지지를 받지 못한다는 문제를 갖게 되며 시간이 지날수록 그 격차가 커지게 된다. 또한 '페미니즘'의 의미에 대해 공부하고 이해하는 것을 온전히 개인의 몫으로 남겨두고 있기 때문에 혐오 전략이 단순히 남성 혐오로 끝나거나 적합한 방향성을 잃

을 가능성도 배제할 수 없다. 때문에 워마드에서 전개되는 활동을 대중의 시선에서 전달할 수 있는 보완책이 필요하다고 생각한다. 어쩌면 너무 이상적인 이야기일지도 모르겠으나 페미니즘이 장기적으로 효과적인 변화를 가져오기 위해서는 필요한 요소라고 생각한다. 사회 구조 속의 가부장제를 대중 매체에서 보여 주거나(세상을 바꾸는 시간, 강연 100도씨 등 지상파 방송 정도의 파급력을 가져야 한다고 생각한다), 여성주의적 전시/공연/강연을 활성화 할 수 있어야 할 것이다.

아마 과거부터 유사한 논의와 전략이 페미니즘 진영에서 사용되어 왔겠지만, 여성 혐오를 비롯한 소수자 폭력은 우리 사회에서 주요 이슈로 떠오르지 못했다. 그러나 지금은 상황이 다르다. 현재 워마드가 불러온 이슈로 인해 사회 전반이 여성 혐오 이슈에 주목하고 있으며 논의를 계속하고자 하는 지지자가 많다. 이미 출판업계에서 일부 페미니즘 도서들이 반향을 불러 온 것과 마찬가지로 문화와 교육적인 측면에서 페미니즘을 드러내고 지지한다면 과거와는 다른 효과를 가져올 것이라고 믿는다. 또한 워마드의 급진적인 행보를 지지하지만, 그 속도를 어느 정도 조절해서라도 워마드가 '여성 우월주의자'로서 고립되는 것을 막고 '일부 여성'을 '우리 사회의 여성', '모든 여성', 그리고 '모든 소수자'로 확대할 필요가 있다.

3. 장기적으로 보편적 인권의 문제에서 다루어질 필요가 있다. 여성 차별의 문제가 남성 혐오와 엮여져 전개되는 방식을 지속하는 것에 대해서 거부감이 있다. 혐오는, 경우에 따라 어떤 사람은 (그 사람의 어떠함 때문에) 인간으로서 권리가 무시/축소되어도 좋다는 태도를 함의한다고 생각한다. 혐오의 전략 안에서 여성주의는 인간의 기준을 그저 내 중심으로 옮기라는 외침으로 오해받기 쉽다. 얼마 전 난민 이슈가 있었을 때 이에 대한 국민적 인식에 상당히 놀랐다. 성별뿐만 아니라 출신지/인종/나이/학력 수준/성 정체성/가족 형태/사회적 권력(직장, 직업 등 사회적 신분) 등에 따른 사회적/경제적/문화적 편견과 차별이 암묵적으로 용인되고 있었다. 이런 사회에서, 여성주의가 얼마나 진정성 있게 다양한 목소리를 제대로 반영하는지에 대해 다소 회의적이고, 사회 내에서 지속적인 동력을 가질 수 있을지 모르겠다. 스스로 바뀌지 않으면서 다른 사람들의 이해, 반성, 성찰, 관용을 바라는 운동은 공감을 얻기 어렵다고 생각한다.

4. 현재 반대기조에 대해서는 메갈리아가 시도했던 초기의 미러링 전략 그 너머 이후의 전략을 세워야 할 때라고 생각한다. 이제 혐오의 언어에서 사회적 논의 접근성이 높은 정치적 언어를 사용해도 되지 않을까 생각한다. 최근의 혜화역-광화문 시

위에서 볼 수 있듯 반대 기조에 대항하는 움직임이 커지고 있다. 이런 상황에서 좀 더 논의를 넓히고 키울 수 있는 방향으로 전략적인 입장을 취해야 한다고 생각한다.

5. 페미니즘은 여성의 인권을 옹호하는 일종의 윤리적인 주장을 내세우는 것이기에, 그 주장의 설득력을 갖추기 위해선 여성주의의 전략 역시 도덕적, 윤리적 설득력을 갖추고 있어야 한다고 본다. 혐오 발언의 미러링을 통한 충격 요법은 우리 사회 안에서 이미 그 역할을 다 했다. 워마드의 미러링은 한국 사회에서 페미니즘이 중요한 주제로 떠오르게 하는 역할을 했다. 하지만 이제 그 전략만으로는 페미니즘이 더 많고 다양한 사람들의 지지를 얻기가 힘들 것이며 자기 스스로의 주장에 설득력을 잃게 될 것이다.

6. 역사적으로 모든 인권 운동은 단 한 번도 달갑게 여겨진 적이 없다. 페미니즘은 기득권에 저항하는 운동인데, 기득권을 가진 남성도, 그것을 이용해서 비슷한 권력을 얻은 여성도 이것을 좋게 볼 리가 없다. 지금은 지극히 상식적인 여성 참정권 또한 격렬히 저항한 끝에 얻어졌다. 당시 서프러제트에 대해 사람들이 열렬히 환호했을까? 아니다. 사람들은 그들을 못생기고

뚱뚱한 여성의 모습으로 형상화하고 희화화하며 비웃고 깎아내렸다. 다른 나라는 래디컬 페미니즘에 의해 큰 변혁이 일어난 역사가 있는데 반해 우리나라는 여태까지 단 한 번도 이렇다 할 여성 운동이 제대로 일어난 적이 없다. 래디컬 페미니즘이 아니더라도 말이다. 미국의 모델을 그대로 가져온 법체계에서 여성 참정권은 당연한 것이었고 성차별적이라고 느껴진 호주제가 폐지된 지도 13년 밖에 되지 않았다. 우리나라는 지금이 여성주의의 큰 파급력이 필요할 때다. 사회의 반대 기조를 신경 쓰다가는 오히려 더 큰 백래시를 맞아 이도저도 아닌 페미니즘이 될 것이라고 본다. 따라서 현 상황에 대한 대응책은 더 큰 목소리로 앞으로 나아가는 것이다. 또한 과거엔 없었던 SNS를 효과적으로 사용하여 그 파급력을 넓히는 것이 좋을 것 같다.

7. 페미니즘에 대한 반대 기조는 예전부터 있어 왔다. 하지만 기존의 반대기조와 다른 것은, 여성들이 자신들의 목소리를 낼 때마다 무조건 '메갈', '웜충' 등의 낙인을 찍고, 그들의 목소리를 모두 묵살하고 있는 것이다. 이에 기존의 온라인상의 전략처럼 '눈에는 눈, 이에는 이' 방식으로 똑같이 미러링해 주기, 일베들이 저질렀던 것처럼 폭력 및 범죄 예고하기 등의 활동은 여성주의 활동에 더욱 부정적인 인상을 심어 줄 뿐만 아니라, 여

성주의 활동가들 사이에서 분열까지 낳게 한다. 그렇기에 폭력에 폭력으로 대응하는 대응책은 지금 이 국면에서 더 이상 효율적이지 않다고 생각한다. … 개인적으로 대다수의 남성들은 자신들은 일베가 아니며, 인터넷 댓글에 영향을 받지 않는다고 말하는 경우를 많이 봐 왔다. 하지만 그들과 대화하다 보면, '여성 상위 시대' 등 과거의 남성들에 비해 자신들이 여성들에게 많은 것을 빼앗겼다는 생각을 하고 있으며, 그들은 여성들이 겪었던 차별을 실생활에서 겪어 보지 않았기에 여성들의 차별에 공감하기도 어렵다는 점을 깨달았다. 심지어 '페미니즘', '여성주의'라는 학문의 이름에 까지 반발하며, 인간의 평등을 궁극적인 목표로 한다면 '젠더학' 등으로 이름을 바꿔야 한다는 이야기를 한다. … 이러한 현대 남성들의 패배감과 비대칭적 여성관(페미니즘을 추구하는 여성들은 정신적으로 문제가 있는 소수고, 대다수는 자신들과 같은 생각을 갖고 있는 평범한 여성들이라는 것)을 살펴봤을 때, 최소한 지나치게 자극적이고 탈법적인 행동은 자제하는 것이 좋다고 생각한다. 소극적이고 지리한 싸움이 될지라도 최소한 법의 테두리 안에서 보호받지 못하고 있는 여성들, 소수자들과 연대하고 그들과 목소리를 함께 한다면 남성들의 태도에도 약간의 변화가 생길 수 있지 않을까 생각한다.

8. 페미니즘은 그 역사를 살펴보아도 언제나 반대 기조와 투쟁해 왔고, 반대 기조를 꺾을 만큼 격렬한 투쟁과 힘의 과시로 목표를 쟁취해 온 정치 운동이라고 생각한다. 이제야 반대 기조가 형성된다고 생각하지는 않으며, 그에 대한 대응책은 여성들의 경제력 확보 및 남자들로부터의 독립이다. 다르게 말하자면 독립해 살 만큼 스스로 돈을 벌면서 행하는 비혼 비출산(비연애 비섹스)과 탈코르셋이다. 정부에 대한 타격은 비혼 비출산이 가장 클 것이고, 남자들이 일상에서 느끼는 위기감은 비연애 비섹스와 탈코르셋이 클 테니까. 안희정이 저지른 성폭행을 두고 법이 없다며 무죄 판결이 나오는 게 대한민국의 민낯이다. 정부와의 싸움에서는 북유럽처럼 애를 안 낳고 안 낳아서 정부의 무릎을 꿇리면 된다. 출산 가능한 여성 지도를 만들어 뿌리려는 정부 수준을 보면 남자들과의 대화나 토론은 무의미하고 무가치하다. 행동으로 보여 주는 것만이 통하리라 생각한다. … 그리고 성범죄에 분노하며 시위를 통해 우리가 가만히 앉아 당하지만은 않을 것이라는 걸 보여 주어야 표를 구걸하는 정치인들이 조금이나마 움직일 거다. 페미니즘이 그 반대 기조와 맞닥뜨리지 않는 건 상상이 되지 않는다. 반대 세력과의 힘겨루기에서 이기려면 그들이 여자들에게 당연히 요구해 온 것들을 거부하며 싸움을 전개해야 한다. 끝까지 정신 못 차리고 여성들을 박해만 한

다면 그런 나라는 그냥 지도상에서 사라지는 편이 좋다. 존재해
야 할 이유가 무엇일까. 최초로 멸종한 나라라는 타이틀도 나쁘
지 않아 보인다.

9. (…) 각종 페미니즘 강연을 찾아보면 매번 오는 '페미
니즘 네트워크'의 여성들이 자신의 목소리를 긍정하는 것을 듣
고 그로 인해 마치 페미니즘 에너지를 충전하듯이 움직인다. 언
어를 가진 사람들이 구조화되고 자기들끼리의 언어를 이야기하
며 자기들끼리 위안을 얻는 갈라파고스화가 심화된다. 워마드
는 폭력성에 의한 움직임이 아니라 이러한 갈라파고스화의 극
단에 있다. … 나는 이때 필요한 것이 '증언'으로서의 고백이 아
닌 '서사'로서의 이야기라고 생각한다. 여기서 등장하는 것은 남
성 주체다. 이것은 여성주의 운동을 남성이 하자는 시혜적, 또는
권력 기생적 방식을 뜻함이 아니다. 여성 운동은 그것이 남성을
겨냥하는 한 상호 교차적이다. 여성이 여성의 목소리로 여성에
게 증언을 하는 만큼 남성은 남성의 목소리로 남성에게 '서사'
를 동시에 이루어야 한다. … 지금 필요한 것은 그러한 남성의
입으로 이야기되는 여성의 서사를 더욱 긍정하는 것이다.

10. 첫째, 국회를 비롯하여 고위 공무원, CEO, 각종 전문

직에 여성들이 많이 진출해야 한다고 생각한다. 여성들은 교육 받을 수 있도록 허용 받은 이후 단기간 만에 남성이 이룬 것을 뛰어넘는 성취를 이루었다. 정부는 시험이라는 객관적이고 공정한 제도에 성별 쿼터제를 하여 오히려 결과가 부족한 남성들을 합격시키고 있다. 오직 객관적이고 공정한 시험 결과로 여성들이 당연히 전문 직종과 권력이 있는 자리에 올라설 수 있어야 한다. 시험의 공정성을 되살리고, 여성들이 노력한 결과에 해당하는 결실이라도 얻을 수 있는 사회를 만들어야 한다. 그렇게 지금 살아가고 있는 여성들이 고위 공무원을 비롯하여 전문직 종에 많이 진출하여 경제적, 사회적으로 독립할 수 있어야 한다. 그렇게 형성된 분위기가 다음 세대의 여성들에게도 당연히 다양한 전문 직종에 도전을 할 수 있도록 할 것이다. 둘째, 여성에 대한 성 상품화 이미지를 분쇄해야 한다. 한국 사회에 만연한 여성 성 상품화는 정말 뿌리 뽑아야 한다. 그러한 이미지로 인해 아무리 능력 있는 여성이라도 단지 성기가 달린 상품으로 밖에 취급되지 않는다. 특히 미디어에서 재생산되고 있는 단일한 여성에 대한 이미지는 지금 한국 사회를 살고 있는 여성들에게 가장 공격적이다. 그러한 고정된 이미지가 여성들을, 사람으로서 자기 삶을 사는 것이 아니라, 사회가 만들어낸 이미지에 복종하도록 조종한다. 미디어에서 인간으로서 자기 삶을 사는 여성들을 많이 보여 줘야 한다. … 셋째, 여성에 대해서 올바른 사고방식을 가지고 있는 남성들이 미디어에 많이 등장하고 끊임없이 생산되어야 한다. 예를 들어 집안일과 육아를 자발적으로 즐기면서 하며, 아내의 사랑을 받고자 애쓰는 남자를 많이 보여 줘서 그러한 남성들이야말로 연애와 결혼이 가능한 남자라는 이미지를 유포시켜야 한다.

11. 반대 기조가 형성되는 것은 당연하다고 생각한다. 대응 방법은 개인적으로는 여성 혐오의 상황이라고 인식하면 잘못된 것이라고 이야기하거나 대화가 어렵다고 판단되면 단절을 택한다. 이렇게 하니 여성 혐오 상황뿐 아니라 다른 불합리한 상황에서도 눈치를 덜 보게 되었고 삶의 질이 높아졌다. 하지만 여성주의를 생각하면 매우 소극적인 자기방어 전략일 것이다. 그리고 직장 상사와는 (그가 여성 혐오적 발언을 하더라도) 단절을 택하기가 어렵다. … 남성의 변화가 필요하다고 생각한다. 여성들만 참여하는 여성주의 운동보다는 많은 남성들도 참여하는 여성주의 운동이어야 공감대가 그나마 쉽고 넓게 형성되지 않을까 한다. 단기적으로는 겸손하고 사회적으로 호감의 이미지를 형성하고 있고 유명한 남성 페미니스트들이 사회적으로 부각되는 것도 좋을 것 같다.

12. 페미니즘의 의미에 대한 교육이 필요하다. 양성평등을 의미하는 페미니즘을 한국 남성들은 여성 우월주의로 생각한다. 본인들이 가지고 있는 권력에 대해 다시 한 번 상기시킬 수 있는 교육이 필요하다. 이러한 교육은 어릴 때부터 진행되어야 한다고 생각한다. … 성차별을 해소하기 위해서는 어릴 때부터 가정 교육이 중요하고 이러한 성차별 문제를 올바르게 잡아 주는 교육이 필요하다. … 또한 페미니즘을 지키기 위해 우리 여성들부터 페미니즘에 대한 정확한 이해와 그에 대한 정보를 공유하고, 이를 위한 보다 많은 교육의 기회가 있으면 좋을 것 같다.

13. 강조하고 싶은 것은 변화의 단계성이다. 변화에는 단계와 적절한 흐름이 있고 그 변화가 일어나는 동안에도 고통 받는 사람이 있다는 것이다. 법과 제도와 사회의 변화, 시선과 담론의 변화를 이야기하는 동시에 우리는 그 변화가 일어나는 동안에도 고통 받는 사람들이 살아낼 수 있도록 보듬고 도와야 한다. 그것이 철학 상담이 할 수 있는 역할이라고 본다. 내가 말하고 싶은 것은 안티페미니즘에 대한 공격 전략이 아니라 페미니즘 내부 사람들을 위한 정신적 안정의 도모이다. 첫째는 희망 주기이다: 변화가 점진적으로 일어나고 있고 오랜 시간이 걸려도 그런 변화의 결과가 나타날 것임을 상기해 주는 것이 필요하다.

우리는 절망적인 시대 인식의 콘텐츠를 매일 마주보고 있지만 희망적인 콘텐츠가 없다. 우리에게 용기를 주는 독려의 콘텐츠, 모호한 것이 아니라 실제로 이러한 변화가 나타나고 있으며 앞으로 어떤 변화가 일어날 것임을 정확하게 보여 주는 지표가 필요하다. 둘째는 피해자 지원이다: 여성 차별과 범죄에 대해 사회가 변할 때까지 피해자를 내버려둘 생각이 아니라면 피해자의 정신적 회복을 도와야 한다. 성폭력(성희롱, 성추행, 성폭력) 피해자가 자기 인식을 어떻게 해야 하는지, 주변의 말들에 어떻게 자신의 정신을 지켜야 하는지 이야기하는 심리적, 철학적 텍스트가 필요하다. 피해자의 법적 지원에 대해서는 이미 이야기하는 매체가 많다. 피해자의 정신적 자기 회복을 돕는 콘텐츠가 필요하다. 폭력을 전시하는 콘텐츠가 너무 많지만, 폭력에서 살아내는 방식을 보여 주는 콘텐츠가 이제 필요하다. 또한 역설적이지만 여성주의와 상관없는 것일지라도 치유될 수 있는 일상적인 콘텐츠도 많아졌으면 한다.

14. 더 강력하고 지속적인 여성들의 연대를 꾀하는 게 무엇보다 중요하다고 생각한다. 온화한 목소리로 남성들을 설득하는 것보다 여성들의 연대를 강화시켜서 여성들의 발언권을 키워 사회적 파워를 획득하는 게 더 효율적이다. 백래시 현상

은 어떤 문제에서나 존재했고, 또 젠더 권력은 가장 오래된 차별 중 하나기 때문에 매우 지난한 과정이 될 것이다. 이 과정을 버텨 나가려면 언제 등을 돌릴지 모르는 남성들을 설득하는 것보다는, 절대 이 문제에서 눈을 떼지 못하는 당사자성을 지닌 여성들을 더 끌어당기고 연대하는 것이 효율적이다. 다만 요즘 워마드 활동이 같은 여성들 내에서 자기 노선에 참여하지 않는 여성을 배제하고 욕하는 방식(예컨대, 탈코르셋 운동을 하면서, 아직 화장을 포기하지 않는 여성을 '흉자'로 낙인찍고 조롱하는 것)으로 가고 있는 것이 가장 걱정되는 부분이다.

15. 페미니즘에 대한 반대 기조가 형성되는 것이 당연하다고 생각한다. 그에 대한 대응책을 마련해야 할지 의문이 든다. 또한 효과적인 전략이 따로 존재하는지에 물음을 던지고 싶다. 모두가 각자 하는 방식을 존중해야 하고, 서로가 다름을 이해할 수 있는 사회라면, 각자의 방식이 다르다는 것도 허용할 수 있어야 한다. 페미니즘에 대한 반대 기조를 형성하는 이유를 살펴보면, 일부 페미니즘의 방식이 너무 거칠고 과격하다는 것이다(이는 공공연하고 견고한 사회를 페미니즘이 균열을 일으키기 때문이다.) 또 다른 이유는 여성의 힘이 세지는 것 자체를 경계하기 때문이다('여성에게는 유리 천장이 존재하고 남자인 내가 아무리 못났더라고 여자

보다는 위이다.'라는 생각이 남녀평등을 추구하는 순간 깨지게 되고, 이는 남성의 불안감을 증폭시킨다.) 이처럼 공고한 사회에 균열을 일으킨 다는 점에서 페미니즘을 거부하는 경향은 있을 수밖에 없다. 그 렇다면 여성 운동이 누구의 지지를 받기 위해서 존재하는 것이 아니라, 각자 나름의 방식대로 존재할 수 있고, 그에 대해서는 반대의 세력이 당연히 있을 수밖에 없다는 것을 인지해야 한다. 심각한 균열 이후에(모든 가치를 부정하고 난 이후에) 진정한 통합 (새로운 가치를 생성하는 것)이 있을 수 있다.

5. 여성 차별을 해소하기 위해, 시급한 대책이나 장기적인 대책은 무엇이라고 생각하는가?

- 대다수의 설문 응답자가 여성 차별 방지를 위한 법적 제도화, 인식의 변화를 위한 사회 전반의 노력, 성평등 교육의 중요성 등을 강조하고 있다.

1. 가장 효과적인 방법으로는 정치적인 주도 세력에 여성이 다수 있어야 한다고 생각한다. 여성과 남성이 평등하지 않다는 지표는 정치적인 세력에서 여실히 드러난다. 여성과 남성이 평등하다면, 인구의 성비가 동등하고 여성이 수적으로 결코 소수가 아님에도 정치 세력에서는 소수자의 취급을 받는 것이 현실이다. 사회를 주도하는 세력에, 합당한 여성의 비율이 확보되어야 한다. 이후의 제도나 사회 여건들에 여성 정치인들이 일반 여성들을 대변할 수 있도록 할 필요가 있다. 이처럼 여성의 시각이 반영될 수 있고, 여성도 남성과 더불어 사회를 주도할 수 있

도록 하는 장치가 필요하다. … 앞으로 자라나는 아이들에게는 새로운 시각을 줄 수 있는 교육이 필요하고, 여성 남성을 구분 지으려는 식의 교육보다 인간으로서의 상호 존중할 수 있는 교육 내용이 마련되어야 한다. 지금 하고 있는 활동들이 장기적으로 미래 세대를 위한 것이며, 적어도 이런 부조리한 사회를 후대에게 물려줘서는 안 된다고 생각한다. … 이미 페미니즘에 대해 부정적인 시각을 가지고 있는 사람들의 경우, 그들의 사고방식을 고치는 것은 어려우리라 생각된다. 단, 자주 여러 번 말을 하는 것을 통해서 아주 조금의 인식 개선이 있기를 바랄 뿐이다. 완전한 통합이 있기 전에는 아주 살벌한 파열음이 있을지도 모르는데, 그에 대해 여성이 적어도 법적으로는 동등하게 구제받을 수 있는 제도 장치, 혹은 남성의 일방적인 물리적인 폭력으로부터 보호할 수 있는 안전장치가 필요하다.

2. 시급한 대책으로는 일단 바로 효과를 최대한 볼 수 있는 법적 사회적 제도로서의 근거를 마련하는 것이다. 성범죄자 처벌 수위라거나 법 규정 혹은 적용에 있어서의 여성 차별에 대한 변화가 시급하다. 사법부나 행정 기관 등에 구체적인 시행 방식을 명시한 규칙을 배포해 실천하도록 노력해야 한다. 장기적인 대책으로는 교육이 가장 중요하다고 생각한다. 이때의 교육

은 학교를 비롯한 가정교육 등 사회 전반에 걸친 교육을 의미한다. 특히 기성 세대의 2차 사회화를 위한 프로그램을 마련하는 등 가정과 직장에서 실제로 이루어 나갈 수 있는 교육 마련이 필요하다. 이렇게 차근차근 실행하며 전반적인 사회적 대중적 의식 수준을 높여야 한다.

3. 여성 차별을 해소하기 위해 가장 시급한 대책은 사법계의 성적 차별이다. 같은 성범죄, 강력 범죄를 저질러도 형량에 있어서 남성들은 여성들에 비해 더 적은 형량을 받고, 세간의 관심도 더 적게 받는다. 또한 이와 관련된 인터넷 댓글들을 살펴보면, 여성이 저지른 범죄 관련 기사의 수가 현저히 적음에도 불구하고 여성들에 대한 온갖 혐오의 말들이 넘쳐나는 것에 비해, 남성들이 저지른 범죄, 특히 성범죄의 경우 가해자를 옹호하고 오히려 피해자를 '꽃뱀'등으로 지칭하며 이차 가해를 서슴지 않는다. 이러한 차별은 시급하게 교정되어야 한다고 생각한다. … 한편으로 여성 차별 해소를 위한 장기적인 대책은 역시 교육이 우선시되어야 한다고 생각한다. 크게 달라지진 않았지만, 부모 세대와 현재 세대의 성차별 의식에는 꽤 유의미한 차이가 있다. 예를 들어 부모 세대에서는 집안일은 여자의 몫이었지만, 최소한 현대 남성들은 함께 하는 것, 도와주는 것이라는 생각을 가지고

있는 등 … 예전보다 성차별적 관념이 많이 줄어든 상태이다. 어릴 적부터 좀 더 성평등을 지향하는 교육과 소수자와 함께 살아가는 사회에 대한 교육을 통해 다음 세대가 성평등에 익숙해지도록 하는 것이 장기적으로 여성 차별 해소에 도움이 된다고 생각한다.

4. 모든 차별은 인식으로부터 이루어진다. 인식을 바꾸는 게 가장 중요하다. 따라서 나는 장기적으로 초등, 중등, 고등 교육에 여성학이라는 항목이 필수적으로 들어가야 한다고 생각한다. 일단 제대로 된 성교육부터 시작해야 된다. 생리, 출산, 섹스, 피임, 젠더 등을 모두 포함해서 성별에 상관없이 자세히 교육하고 이후에 차츰 여성학적인 부분들, 맨박스나 젠더 롤 등의 부분을 가르쳐야 바뀔 수 있다. 또한 성매매 단속도 엄격히 이루어져야 한다. 포주와 성매매 남성을 엄중히 처벌하고 매춘부들이 건강한 일자리를 얻을 수 있도록 도와야 한다. 또한 탈코르셋 운동이 활발히 이루어져서 길거리에 화장하지 않은 여성이 지나가도 전혀 이상하지 않은 분위기가 만들어져야 된다. 그때가 돼서야 비로소 성별에 상관없이 동등한 입장에서 주체적으로 꾸미는 사람들이 생겨날 것이라고 본다.

5. 대놓고 여자는 안 뽑는다는 대기업들이 즐비하다. 그들에 대한 처벌부터 시작해야 한다. 여성들이 목소리를 낼 수 있었던 가장 큰 이유가 경제력인데, 그 경제력을 확보하지 못하도록 방해하는 기업의 성차별부터 막아야 한다. 내부의 성차별이야 어찌하기 어렵지만 적어도 뽑힐 수는 있도록 정부가 나서야 하지 않을까. 그리고 내부의 성희롱이나 성추행 및 성폭행에 대한 강경한 법과 이를 어긴 기업에 대한 무거운 처벌을 보여 줘야 기업들도 남자 직원들을 단속할 것이다. ⋯ 장기적으로는 법에 남아 있는 성차별적 조항들을 제거해나가야 한다. 당장 시급하게 필요한 건 성범죄에 대한 법 제정(몰카 성범죄와 위력이 작용한 성범죄 등)이다. 성범죄 판결과 관련하여 가장 중요한 건(여성 피해자를 차별 없이 보호하기 위해서는) 판사의 절반을 여성으로 할당해야 한다는 점이다. ⋯

6. 여성 차별을 해소하기 위한 시급한 대책은 국가적인 차원에서 성 대결을 통해서 현 정부의 무능함을 해소하려고 했던 방식들을 철회하는 것이다. 낙태죄 폐지, 출산 나이 여성 인구 조사 등을 비롯한 몰상식한 제도들을 철회하는 것이 이에 해당한다. 동시에 싱글맘 지원, 아동에 대한 지원을 늘리는 것을 통해서 여성에게 짐으로 지워졌던 것을 벗어날 수 있게 해야 한

다. … 장기적인 대책으로는 교육이라고 생각한다. 한국은 성 엄숙주의와 도덕성을 분간하지 못하면서 지나치게 억압적인 방식의 교육을 하는가 하면, 여성들에게 자신의 성적 자기 결정권을 알게 하는 교육을 하지 않는다. 이러한 교육의 실패가 결국엔 여성 혐오 사회를 낳는 것에 일조했다고 보며, 교사들을 페미니스트로 길러내고 교육 과정에 성평등을 의무화하는 등 긴 안목을 가지고 지속적으로 교육해야 한다고 생각한다.

7. 어느 대책이든 좋은 결과도 있겠지만 부작용도 있을 것 같다. 그러나 우선적으로 생각되는 대책은 한국 사회에서 여성 관리직, 여성 책임자들의 수가 남성의 수만큼이나 확보되어야 한다고 생각한다. 점점 여성 고위 공무원의 수가 늘어나고 기업에서도 여성 임원의 수를 늘리려는 추세이지만, 남자에 비해 극소수가 늘어나는 걸 추세라고 말하기는 약간의 과장이 있다고 생각한다. 그 한두 자리가 여성의 권리를 주장하기에는 터무니없이 약하다고 생각한다. 여성의 목소리를 전달할 수 있고, 지위가 보장된 만큼 책임도 질 수 있는 여성 고위직들이 늘어서 여성의 지위를 확보하는 데 힘을 실어야 한다.

8. 초등학교 때부터 공교육에서의 페미니즘 교육, 제도

적 법적 보완 등은 사회적인 측면에서 시급한 대책이다. 나는 콘텐츠의 성평등이 시급하다고 생각한다. 아이들이 점점 더 디지털 콘텐츠에 노출이 되어가고 그것에 영향 받는 나이대가 어려지고 있다. 콘텐츠 제작자의 교육을 생각해야 하고, 특히 어린아이 대상 성평등 콘텐츠를 만들 수 있게 지원하고 파티션을 내 줘야 한다.

9. 시급한 대책이라면 여성 혐오 콘텐츠 유통의 제재라고 생각한다. 우리사회에서 어느 콘텐츠든 일정 정도의 여성 혐오를 담고 있는 것은 만연한 사실이다. 그러나 최근에는 유튜브나 소셜네트워크 채널을 통해 어떠한 규제도 없이 여성 혐오 콘텐츠가 생성되고 소비된다는 것이 가장 큰 문제라고 생각한다. 이러한 콘텐츠는 워마드 혹은 다른 여성 연대의 활동을 조롱하고 헐뜯으면서 활동의 효과를 저하시키는 것은 물론이고 콘텐츠 검열능력이 없는 소비자에게 여성 혐오를 주입시키기 때문이다. 혐오성 표현을 검열할 경우 워마드의 활동으로 검열이 돌아오는 딜레마가 있지만, 실제 성폭력적인 성향을 띠는 콘텐츠에 대해서는 제재를 가하는 것이 옳다고 생각한다. 개인적으로는 최근 초등학생들이 아프리카 TV나 유튜브를 수업 시간 내에서도 소비하며, '보이루'(여성 성기와 하이루를 섞은 표현), '앙기모띠'(포

르노에서 유래한 기분 표현) 등을 사용하는 것을 보고 충격 받은 일이 있다. 여성 혐오를 주입하는 오락성 콘텐츠가 지속적으로 생성되고 초등학생들까지 무분별하게 받아들이는 것이 문제라고 본다.

10. 여성 차별을 해소하기 위한 가장 중요한 대책은 정부의 손에 달려 있다고 생각한다. 정부가 정책 지원을 통해 여성 차별을 해소할 수 있는 사회적 분위기를 이끌어 나가야 한다. 그중에서도 특히 교육이 중요하다고 본다. 스마트폰을 사용하는 요즘의 어린이들은 손쉽게 여성 혐오 발언에 노출되고 있으며 그들 스스로가 그것을 하나의 '놀이'로서 즐기고 있다. 여성 혐오 발언을 일삼는 유튜브 BJ의 영상을 시청하며 그 발언을 모방하고 그것을 하나의 '놀이'로 즐기면서 학생들은 어릴 적부터 여성 혐오에 익숙해지고 있다. 이러한 콘텐츠에 대해 학생들이 비판적으로 사고할 수 있기 위해서는 결국 적절한 교육이 가장 요구된다.

11. 시급한 대책과 장기적인 대책 모두 개개인이 여성 차별을 해소해내겠다고 하는 인식이라고 생각한다. 인식을 바꾸기 위해선 교육이 필요한데, 여성이 차별받는다고 생각해 보지

도 못 한 사람들은 페미니즘 교육 받기를 거부할 것 같다. 성인에 대해서는 어떻게 인식을 전환시킬지 모르겠다. 초등학생부터는 학교에서 각각의 성에 대한 고정적인 역할이나 한계가 있다는 뉘앙스를 담지 않는 것이 중요하다. 성평등 교육 위한 특별 활동 시간을 만드는 것보다 중요한 것은 교과 과정 이외에 실제로 교사들의 말이나 언급들에서 성차별이 나타나지 않도록 신경 쓰는 것이다. 그런 점에서 교육 현장에 계신 분들은 성차별에 대한 교육을 주기적으로 꾸준히 받아야 할 것 같다.

12. 장기적으론 부모나 교사의 성차별 문제에 대한 교육이라고 생각한다. 가정에 기본적인 교육과 관련된 내용은 (독일에서 20년 전부터 시행하는 부모 안내 책자처럼) 국가가 안내 책자로 만들어 제공해야 할 것이다. 또한 이미 사회로 나간 여성들에 대한 보호 역시 필요하다. 임신 후 경력 단절이라는 치명적인 문제를 해결하지 않는 이상 여성은 사회적으로 높은 지위와 권력을 갖기 힘들 것이다. 육아 휴직을 회사에서 사용하기 꺼려하는 분위기 역시 문제다. 남성 역시 육아 휴직을 가져야 한다. 일부 한국 남성들이 말하는 육아 휴직에 대한 인식 역시 개선이 필요하다. 휴직이라는 단어에서 주는 휴가의 어감을 없애야 한다. '육아=휴가'라는 사고 속에 들어 있는 '여성은 집에서 아기를 돌보

며 쉬고 논다.'라는 의미를 제거하지 않으면, 국가와 기업에서 육아 휴직을 권하는 문화는 형성되기 어려울 것이다.

13. 가장 시급하면서도 장기적으로 효과적인 대책은 역시 여성 차별을 해소할 수 있는 제도를 마련하는 것이라 생각한다. 근본적으로는 사람들의 인식을 바꿀 수 있도록 문화적으로 노력해야겠지만, 일단 제도가 갖춰지고 나면 제도에 따라 인식의 변화가 수반되기도 한다. 여성 차별을 없애기 위해 여성들의 지위를 법적으로 보장해야 하며, 그 중에서도 가장 먼저 성립되어야 할 건 여성 임금 차별 금지법과 기업 임원진에 대한 여성 의무 할당제도, 그리고 이를 어길 시 강력한 법적 제제를 가하는 것이라 생각한다.

14. 정부의 적극적인 대응을 통한 사람들의 인식 변화가 중요하다고 본다. 시급한 것은 법제도 개정이다. 여성 차별을 해소하는 것이 정의와 이상을 추구하는 것이지만, 정치 제도와 법 개정을 통해 여성 차별적인 언행이나 구조가 불이익이 될 수 있도록 조치해야 한다. 불법 촬영을 근절하기 위해 처벌과 단속을 강화하고, 신속하게 불법 촬영물 카르텔을 뿌리 뽑아야 한다. 출산 휴가를 남녀 상관없이 의무적으로 사용하도록 해야 하며, 사

측에서 그로 인한 불이익을 줄 때, 사측에 강력한 페널티를 줄 수 있는 법적 근거를 마련해야 한다. 법이 선행할 때 인식을 환기시키고 인식이 환기되면 또 다른 차원의 성평등 정책이 공론화될 것이므로, 정부나 의회에서 먼저 행동해야 한다.

15. 팩트 승부와 데이터 지표를 통한 주장보다, 서사와 이야기가 중요하다. … 『82년생 김지영』의 서사가 강력하게 한국 사회를 울릴 수 있었던 것은, 그것이 데이터를 바탕으로 잘 만든 이야기를 스토리텔링 했기 때문이다. 우선 프레임을 전복하고 현상을 있는 그대로 파악할 수 있을 법한 대중적 인식을 만드는 것이 시급하면서도 장기적 대책이 될 것이다.

16. 중장기적으로, 엄마 세대와 딸 세대, 할머니 세대와 손녀 세대 간의 페미니즘을 중심으로 한 담론의 장과 대통합이 절실하다. 왜 딸과 손녀가 이러한 생각을 가지고 있는지, 어떠한 삶을 살고 있는지 등등에 대해서 논의하고, 엄마 세대와 할머니 세대에는 여성으로서 어떤 삶을 살았는지 서로 공유하고 공감하는 것이 필요하다. 딸 세대와 손녀 세대는 어리고 미숙한 바보가 아니다. 또한 여성 세대 간에 서로 대화하는 것이 다음 세대로 페미니즘을 더욱 발전적으로 이어가기 위한 진정 좋은 방법

이 될 것이다. 페미니즘의 갈래가 나뉘는 것은 페미니즘에 정답이 없기 때문이다. 이는 비단 다른 학문에서 이루어지는 수다한 갈등이나 논쟁과 다르지 않다. 손녀, 딸, 엄마, 할머니 세대가 모두 모여서 최소한 한국 사회에서 여성으로 살아가는 우리들이 페미니즘의 자세한 부분에 대해서는 완벽히 동의하지 않더라도 전략적으로 제휴할 만한 슬로건과 논의들을 찾아야 한다. 한 세대만 사회 운동을 해서 사회를 바꾸는 것은 너무 힘들고 불가능에 더 가깝다. 모든 여성들이 연대해야 최소한 우리 다음 세대에 태어날 딸들에게 나보다 더 나은 삶을 줄 수 있을 것이다.